AKADEMIE DER WISSENSCHAFTEN UND DER LITERATUR

Abhandlungen der
Geistes- und sozialwissenschaftlichen Klasse
Jahrgang 2003 • Nr. 3

Andreas Graeser

Platons *Parmenides*

AKADEMIE DER WISSENSCHAFTEN UND DER LITERATUR • MAINZ
FRANZ STEINER VERLAG • STUTTGART

Vorgelegt von Hrn. Heitsch in der Plenarsitzung am 9. November 2002,
zum Druck genehmigt am selben Tage, ausgegeben am 18. Juni 2003.

Bibliografische Information Der Deutschen Bibliothek

Die Deutsche Bibliothek verzeichnet diese Publikation in der Deutschen Nationalbibliografie; detaillierte bibliografische Daten sind im Internet über <*http://dnb.ddb.de*> abrufbar.

ISBN 3-515-08356-1

Umschlaggestaltung: die gestalten. Joachim Holz, Mainz

Druck: Rheinhessische Druckwerkstätte, Alzey

Gedruckt auf säurefreiem, chlorfrei gebleichtem Papier

Printed in Germany

Inhaltsverzeichnis

I. Meine These

1.

Platons Dialog *Parmenides* bietet eine Auseinandersetzung mit inner-akademischen Kritiken.[1] Im ersten Teil legt Platon nahe, daß gewisse Einwände gegen die Ideenlehre auf einem unangemessenen Verständnis der Sache beruhen: sie entstehen vor dem Hintergrund der Bewußtseinsgestalt der Verdinglichung. Die Brisanz dieser Diagnose wird im zweiten Teil des Dialoges verdeutlicht. Hier demonstriert Platon sozusagen *ad nauseam*, was geschieht, wenn diese Denkform gegen die Auffassungen der Kritiker gewendet wird. Speusipps Prinzipienlehre – genauer seine Auffassung von Einheit – müßte in Stücke zerfallen.

Das Sujet der Verdinglichung abstrakter Gebilde und die Tatsache, daß Speusipp seinerseits Einheit als Prinzip behandelte, erklärt auch, warum Platon die aktuelle Dimension der Problemstellung hinter der Figur des Parmenides versteckt. Die Sprache dieses Philosophen – man denke an Bilder wie „... Seiendes stößt dicht an Seiendes" (VS 28 B 8,25) – legt die Vorstellung einer dinghaften Konzeption sämtlicher Realität nahe. Hinzu kommt, daß Parmenides seinen Monismus im Prozeß der Auseinandersetzung mit dem Punkte-Atomismus pythagoräischer Provenienz entwickelt

1 Vorarbeiten in diese Richtung sind u. a. „Wie über Ideen sprechen?: Parmenides", in: Platon. Seine Dialoge in der Sicht neuerer Forschungen, hrsg. v. T. Kobusch und B. Mojsisch, Darmstadt 1996, S. 146–166, „Platons *Parmenides* in neuem Licht", in: Göttingische Gelehrte Anzeigen 149 (1997) S. 12–29; „Parmenides in Plato's *Parmenides*", in: Bochumer Philosophisches Jahrbuch für Antike und Mittelalter 5 (2000) S. 1–15. Teile gehen auf Studien zurück, die in der Berner Reihe philosophischer Studien Bd. 25 bzw. im Museum Helveticum 59 (2002) veröffentlicht wurden. Siehe auch „Plato and Speusippus: An Exchange on the Status of Principles", in: Aristotle and Plato: The Metaphysical Question. Proceedings of the Secundum Symposium Therense (Santorini, June 30th – July 7th, 2002), hrsg. v. A. L. Pierris, forthcoming. Partielle Zweifel an der traditionellen Deutung des Dialogs äußerte ich erstmals in meiner Studie „Kritische Retraktationen zur esoterischen Platon-Interpretation", in: Archiv für Geschichte der Philosophie 54 (1974).

haben dürfte[2] und diese Denkform auch dem Ansatz Speusipps zugrunde liegt (s. u.).

Doch hat die Verwendung der Figur des Parmenides eine Seite, die besonderer Aufmerksamkeit bedarf: Parmenides artikuliert in seiner Übung (γυμνασία) negierte Existenzaussagen; er verstößt damit gegen jene Setzungen, die er im Lehrgedicht statuierte. Da Parmenides laut dem Dialog *Sophistes* an der Setzung 'Nicht-Sein/Nicht-Seiendes ist nicht' zeit seines Lebens festhielt (237a4–5), kann es sich bei der Übung nicht um ein Spezimen Parmenideischen Philosophierens handeln; eher geht es um eine Übung, die zur Parmenideischen Philosophie führen soll. Dazu paßt, daß der literarische Parmenides vom Übungsprogramm so spricht, als habe er es letztmals in seiner Jugend durchgenommen. Dies würde dafür sprechen, daß Platon die Übung in die Jugendzeit des Parmenides legt, und zwar deshalb, weil er auf diese Weise halbwegs überzeugend fingieren kann, Parmenides sei zur Zeit dieser Übung noch nicht Seins-Monist gewesen. Der Kontext im Mittelteil – dies betrifft die Rede von der Wahrheit als Ziel der Übung – legt nahe, daß der literarische Parmenides erwartet, Sokrates zum Monismus bekehren zu können. Mit dieser Auffassung gehen zwei Überlegungen zusammen. Erstens ist Parmenides in Platons Augen nicht der Philosoph, der Sokrates gegenüber als Sachwalter einer höheren Wahrheit gilt, in deren Licht tatsächliche oder angebliche Defekte des Ideen-

2 Es ist klar, daß wir uns hier auf sehr unsicherem Terrain bewegen, zumal auch die früher zur *communis opinio* zählende Annahme, daß Zenon pythagoräische Thesen destruierte, heute weitgehend als obsolet gilt (siehe C. H. Kahn, Pythagoras and the Pythagoreans. A brief history, Indianapolis, Ind. 2001, S. 35–36). Doch scheint die Frage nach dem Vor- und Nach-Parmenideischen Pythagoräismus – Parmenides wurde mit der Schule des Pythagoras in Verbindung gebracht (VS 28 A 1,12) – nach wie vor ein Desiderat erster Ordnung zu sein, und G. Vlastos' Attacke gegen J. E. Raven (Pythagoreans und Eleatics, Cambridge 1948) in: Gnomon 25 (1953) S. 29–35 (siehe Studies in Greek Philosophy Bd. 1: The Presocratics, hrsg. v. D. W. Graham, Princeton, N. J. 1995, S. 180–188) keineswegs das letzte Wort in der Sache darzustellen (siehe u. a. auch W. Röd, Die Philosophie der Antike 1 [= Geschichte der Philosophie, Bd I], München 1988 [1. Aufl. 1975], S. 139 mit Anm. 5 [S. 242]). – Gleichzeitig gilt es zu sehen, daß die 'neue' Sichtweise, der auch F. M. Cornfords Thesen zum Opfer fielen (siehe Selected Papers, hrsg. mit einer Einleitung von A. C. Bowen, New York 1987 [= Greek and Roman Philosophy, hrsg. v. L. Tarán, Bd. 10]), in den politischen Entscheid umgemünzt wurde, J. E. Ravens Beitrag zu G. S. Kirk und J. E. Raven, The Presocratic Philosophers, Cambridge 1966, speziell Kapitel IX zu eliminieren.

ansatzes konstruktiv therapiert werden könnten.[3] Tatsächlich wird dieser Philosoph im *Sophistes* dann auch distanziert. Zweitens wird deutlich, daß Platon dem Leser zu verstehen gibt, daß Sokrates seinerseits an der Ideenlehre festhalten wird. So gesehen steht zugleich die Gewißheit im Raum, daß Platon selber von den Attacken nicht sonderlich beeindruckt war.

2.

Die Art, wie Platon hier die Ideenlehre als Instrument bzw. Waffe verwendet, mit dessen bzw. deren Hilfe die Welt des *common sense* plausibel gemacht werden kann, erlaubt sicher keinen Rückschluß auf die eigentliche Genese der Ideenlehre. Vielmehr schafft sich der Autor dadurch, daß er die Ideenlehre als plausible Erklärung der realen Welt einführt, die Möglichkeit, die an ihr geübten Kritiken und die Denkform, die hinter diesen Kritiken steht, zu charakterisieren. Dabei soll deutlich werden, daß es sich bei den Problemen, die die Ideenlehre aufzuwerfen scheint, um Probleme handelt, die nicht in der Sache begründet liegen, sondern in der Rede über sie. In diesem Sinn bietet Platon hinter dem Schleier literarischer Verstellungen eine Darstellung und Kritik jener (in Hegels Idiom) Bewußtseinsgestalt, die bestimmte Mißverständnisse hervorbringt.

Mutet der erste Teil des Dialoges diesbezüglich noch diskret und zurückhaltend an, so bietet der zweite Teil eine eigentliche Anamnese der in Rede stehenden Denkform: Was immer auch sonst als Botschaft transportiert werden mag, entscheidend ist, daß Platon hier eine Reihe von Elementen der Bewußtseinsgestalt namhaft macht und dem Leser mit aller Deutlichkeit vor Augen führt. In diesem Sinne läßt sich sagen, daß Platon kaum etwas ausläßt oder versäumt, um der Situation gewissermaßen handgreifliche Züge zu verleihen. Diese Strategie ist sicher erfolgreich. Sie ist es umso mehr, als einerseits die Sache oft genug parodistisch anmutet,[4] andererseits aber Platon auch den manifest kritikwürdigen Elementen

3 Insofern scheint mir auch die Deutung von Samuel C. Dickless, „How Parmenides saved the Forms", in: The Philosophical Review 107 (1998) S. 501–554 inakzeptabel. Doch handelt es sich bei diesem Aufsatz um einen extrem wichtigen Beitrag zur Diskussion.

4 Vgl. H. F. Cherniss, „Parmenides and the *Parmenides* of Plato", in: American Journal of Philology 53 (1932) S. 122–138, abgedr. in: ders., Selected Papers, hrsg. v. L. Tarán, Leiden 1977, S. 281–297.

kontrastartig Alternativen entgegenhält,[5] die Leserinnen und Lesern helfen mögen, sich von den Begrenzungen der Bewußtseinsgestalt der Verdinglichung zu befreien.

Doch hat diese Strategie weitere Seiten. (i) Die Übung, die Parmenides in Platons Fiktion als junger Mann absolvierte und rückblickend als Weg zur Wahrheit einschätzt, wimmelt von z. T. widersprüchlichen und auch problematischen Annahmen; und die Zusammenfassung des Befundes am Ende des Dialoges läßt kaum einen anderen Schluß zu, als daß der junge Philosoph – in der Sicht Platons – die Sache seinerzeit radikal gelöst haben mußte, nämlich in dem er einen gordischen Knoten zerschlug und für den Weg des Seins optierte und sich damit dem Monismus verschrieb. Für den Ideenphilosophen bedeutet diese Lösung freilich keinen Ausweg. Denn sie verbleibt innerhalb der Denkform der Vergegenständlichung und perpetuiert den Anspruch der Betrachtungsweise als solcher. Damit wird zugleich deutlich, warum Sokrates von dieser Seite her keine wirkliche Hilfe zu Teil werden kann. Extrem formuliert würde Sokrates als Gefangener dieser Denkform allenfalls noch die Berechtigung jener Einwände anerkennen, die im ersten Teil (als Spezimina der Bewußtseinsgestalt der Verdinglichung) lanciert wurden. Hilfe könnte Sokrates also nur in dem Maße zu Teil werden, wie er selber die Denkform als solche als unsachgemäße Betrachtungsweise erkennt und entsprechende Rückschlüsse zieht. Daß er dies tat – in der literarischen Fiktion – geht daraus hervor, daß Sokrates im *Phaidon* eben jene Ideenlehre vertritt, die hier im *Parmenides* attackiert wird. Insoweit kann bezüglich Platons eigener Einschätzung der Situation also kein Zweifel aufkommen.

Dies gilt umso mehr, wenn wir die aktuelle Seite der Diskussion betrachten und die Akademie-internen Aspekte der Auseinandersetzung beachten. (ii) Hier erweist sich das Übungsprogramm an wesentlicher Stelle als Dokument einer Auseinandersetzung mit Speusipp (s. o. S. 6). Genauer gesagt wendet Platon die Bewußtseinsgestalt der Verdinglichung auf Speusipps Konzeption von Einheit als Monade an. Dies tut er in einer Weise, die deutlich werden läßt, daß Speusipp seine eigenen Auffassungen bezüglich der *Monas* als Prinzip des ersten Seienden, der Zahl nämlich, kaum kohärent formulieren kann, zumindest nicht vor dem Hintergrund seiner eigenen Setzungen. Insofern führt Platon seine Leserinnen und Leser zu der Einsicht, daß die Ideenkritik auf Speusipp selbst zurückfallen

5 Am ehesten scheint diese Erwägung im Kommentar von R. E. Allen eine Rolle zu spielen: Plato's *Parmenides*. Translation and Analysis, Oxford 1983.

müßte. Dieser Befund hat natürlich einen interessanten Nebeneffekt. Denn Speusipp war nicht nur als Kritiker der Ideenlehre aufgetreten; er hatte auch Platons Prinzipienlehre kritisiert. Dabei lief seine Attacke auf den Vorwurf hinaus, daß Platons Ansatz fundamental inkohärent sei und nicht das leisten könne, was er zu leisten bestimmt sei (s. X.2). Indem Platon nun die philosophischen Grundannahmen der Ideenkritik Speusipps gegen dessen Prinzipienlehre wendet, artikuliert er eine wirkungsvolle Antwort, und es wäre wissenswert, ob und wie Speusipp auf diese Kritik seinerseits reagierte.

3.

Nun ist der *Parmenides* nicht auf Speusipp fixiert. So wenig der literarische Parmenides im zweiten Teil des Dialoges als Sprachrohr nur einer Position angesehen werden kann – Platon versieht Parmenides mit einem Arsenal unterschiedlichster Überlegungen, die den Entscheid zum Monismus als seinerzeit ebenso begründeten Schritt ausweisen sollen wie Sokrates' späteren Entscheid gegen den Monismus – so wenig lassen sich hinter Platons Reaktionen auf die Ideenkritik Attacken nur auf eine Position identifizieren. Denn im Kern geht es ihm, wie auch sonst, um Denkweisen und deren Voraussetzungen.[6] Wenn dies so ist, hat das für die Interpretation des *Parmenides* bestimmte Konsequenzen. Diese betreffen ganz unmittelbar die Berücksichtigung bzw. Annahme unterschiedlicher Verständnisebenen. Demzufolge würde gelten, daß Aussagen namentlich der Dialog-Figur Parmenides auf zwei Ebenen zu lesen sind, auf einer eleatischen bzw. protoeleatischen einerseits und einer zeitgenössischen, z. B. speusippischen andererseits. Ein gutes Beispiel für das, was gemeint ist, wäre die Aussage, die die erste Deduktion beschließt: „[Angenommen, das Eine ist eines] das Eine ist nicht." Diese Aussage könnte eine Angelegenheit angehen, die Zenon angesprochen hatte: Wenn das Eine unteilbar ist,

6 Ich habe dies am Beispiel von *Politeia* V zu verdeutlichen versucht; siehe Issues in the Philosophy of Language. Past and Present, Bern [u. a.] 1999; Kpt. 3, siehe auch ders., Interpretationen. Hauptwerke der Philosophie. Antike. Stuttgart 1992, S. 81–100. Im Blick auf die Positionen von Vorgängern wird Platons Spätwerk von Mary Margaret McCabe untersucht: Plato and his Predecessors, Cambridge 2000. Der Dialog *Parmenides* bleibt hier allerdings ausgespart. Doch hatte die Autorin diesen Dialog bereits in anderer Weise beleuchtet, nämlich als Analyse unterschiedlicher Auffassung von Individualität, siehe Plato's Individuals, Princeton, N. J. 1994.

so ist es nichts (Aristoteles, *Metaph.* III 4, 1001b7–8). Wie Aristoteles darlegt, fühlte sich Zenon zu der Annahme berechtigt, was immer Sein hat, hat räumliche Ausdehnung (VS 29 A 21). Jedenfalls verweist uns die Attacke in den Kontext einer physikalischen Betrachtungsweise. Doch könnte die Aussage ebenso gut begriffliche Entitäten wie die Platonische Idee oder Speusippeische *Monas* angehen, die als kleinste Quantität gilt. Ein anderes Beispiel wäre die Aussage „So ist das Eine unbegrenzt, wenn es weder einen Anfang noch ein Ende hat" (137d7–8). Auch diese Aussage legt eine thematische Ambiguität nahe. Sie könnte einen metaphysisch orientierten Leser zu der Annahme veranlassen, hier gehe es um ein Absolutum jenseits von Raum und Zeit.[7] Doch könnte man ebenso meinen, hier werde ein Argumentsstück des Eleaten Melissos ins Spiel gebracht: „Nichts, was Anfang und Ende hat, ist ewig oder unendlich" (VS 30 B 4).

Ziehen wir in Betracht, was über die Parmenides-Figur in Platons gleichnamigem Dialog gesagt wurde, so scheint klar, daß Platon Aussagen dieser Art absichtsvoll einsetzt und zwei Diskurs-Ebenen kreiert. Diese entsprechen den unterschiedlichen Interessen und Erwartungen seiner Leserschaft; sie reagieren aber auch auf die philosophische Agenda. Umso wichtiger ist es, auch die Verwendung thematischer Elemente wie etwa 'Immanenz' und 'Transzendenz' (i. e. 'etwas ist in etwas' bzw. 'etwas ist von etwas getrennt') durchwegs vor dem Hintergrund dieser unterschiedlichen Orientierung zu lesen und die Frage im Sinn zu behalten, ob eine These 'vorsokratisch' möglich bzw. 'platonisch' möglich ist. In dem Maße, wie deutlich wird, daß bestimmte Argumente bzw. Argument-Schritte nicht Platons Meinung widerspiegeln können, in dem Maße wird auch besser verständlich, welche begrifflichen Setzungen innerhalb der Akademie kontrovers waren oder als kontrovers empfunden worden sein mochten.

---

7 Vgl. H. Krämer, Der Ursprung der Geistmetaphysik, Amsterdam 1967, S. 363, J. Halfwassen, „Speusipp und die Unendlichkeit des Einen", in: Archiv für Geschichte der Philosophie 74 (1992) S. 50.

II. 130b1–131a2: Ontologische Ambiguitäten

1.

Daß Platons Ideenansatz mit der Annahme einer dreigliedrigen Ontologie verbunden ist – nämlich Ideen auf der einen Seite, Partizipanten und deren Eigenschaften auf der anderen Seite – ist wohl unbestritten. Weniger klar ist hingegen, wie die in Rede stehende Unterscheidung konstruiert werden soll(te). Dabei kommt auf diesen Punkt einiges an. Dies gilt umso mehr, als der *Parmenides* offenbar divergierende Verständnisweisen nahe legt und diese Divergenzen Probleme bergen, die Konfusionen schaffen und entsprechend Unheil stiften (s. u. III).

2.

Legen wir die Position des *Phaidon* zugrunde, so hätten wir zwischen *F*-heit als Gegenstand der Teilhabe zu unterscheiden und der jeweiligen Eigenschaft *F*, die der Partizipant kraft seiner Teilhabe am *F* selbst hat bzw. die sich am Partizipanten findet, – ersteres besteht in der Wirklichkeit selbst (ἐν φύσει), letzteres bei uns bzw. an uns (ἐν ἡμῖν, 103b5). In der Exposition durch Parmenides im gleichnamigen Dialog (130bff.) wird der Ansatz zunächst korrekt wiedergegeben: Die Beziehung zwischen Ding und Eigenschaft erscheint dort sachgemäß als Fall von '*F* haben'. Doch wird die nämliche Beziehung in 133d1–2 als Fall von 'an *F* teilhaben' charakterisiert und diese Einschätzung ist falsch. Entsprechend wird im *Parmenides* auch die In-Sein-Relation, die im *Phaidon* als Konverse zur Haben (einer Eigenschaft)-Relation auftritt, fälschlicherweise als Konverse zur Teilhabe-Beziehung verwendet (130a8–9).[8] Bei diesen Fehl-Charak-

8 Diese Stelle ist, wie auch diejenige in *Phaidon* 103b8, in der Forschung immer wieder kontrovers diskutiert worden (siehe Gail Fine, „Immanence“, in: Oxford Studies in Ancient Philosophy 4 (1986) S. 171–197). Wie bereits in meinem Essay „Aspekte der Ontologie in der Kategorienschrift“, in: Zweifelhaftes im Corpus Aristotelicum, hrsg. v. P. Moraux u. J. Wiesner, Berlin 1983 (= Peripatoi Bd. 14), S. 47 Anm. 29 halte ich dafür, daß G. E. L. Owens Verständnis des Passus in „A Proof in Peri Ideon“, in ders.: Logic, Science and Dialectic, hrsg. v. Martha Nussbaum, London 1986, S. 171 Anm. 20 korrekt ist. Allerdings scheint es mir wichtig zu sehen, daß es sich hierbei um einen kalkulierten Schnitzer handeln muß, und nicht wie Owen seinerzeit meinte, um eine revisionistische Auffassung.

terisierungen, die unwidersprochen im Raum stehen bleiben, handelt es sich um Punkte, die Platon sorgfältig kalkuliert hat.[9] Sie sollen dem aufmerksamen Leser begreiflich machen, daß die Ideen-Kritik, oder bestimmte Versionen derselben, Mißverständnisse bezüglich des begrifflichen Status' der in Rede stehenden Entitäten voraussetzen; und zwar geht es um die Tendenz der Vergegenständlichung.

3.

Mithin läßt sich die hier relevante Situation näherhin so charakterisieren, daß Platon die Eigenschaften *F*, *G*, *H*, die ein Ding hat, ähnlich wie Aristoteles in den *Kategorien* oder G. F. Stout in der ersten Hälfte des 20. Jahrhunderts (s. XIX) als individuelle Gebilde und damit als Einzeldinge begreift, ohne daß am Griechischen jeweils klar würde,[10] daß diese Art der Betrachtung im Blick auf die entsprechenden Ideen *F*-heit, *G*-heit, *H*-heit nicht gelten soll, obschon diese in gewisser Weise durchaus als singuläre Gebilde aufgefaßt wurden. So wie Frege Wert auf die Feststellung legt, daß zwischen Begriff und Gegenstand ein undurchlässiger Unterschied bestehe und der Begriff 'Pferd' kein Begriff sei sondern ein Gegenstand, so versucht Platon bzw. der *spiritus rector* im Hintergrund des philosophischen Exkurses des *VII. Briefes* klarzustellen, daß aller Rede (λόγος) über abstrakte Gegenstände die Tendenz eignet, Washeiten als Dinge mit Eigenschaften zu repräsentieren.[11]

---

9 Signifikante Beispiele dieser Verwechslung finden sich 134c9/12, wo aus dem Nicht-Haben einer Idee gefolgert wird, daß wir nicht an ihr teilhaben (sic!) und im Kontext der VIII. Deduktion: „und nichts vom Nichtseienden bei irgendeinem der Anderen ist; dem Nichtseienden ist kein Teil eigen" (166a3–4). M. a. W.: Da Nichtseiendes keine Teile habe, Teile der Idee aber das *seien*, was ein Gegenstand *habe*, wenn er an einer Idee teilhat, findet sich die entsprechende Idee auch nicht *in* dem Gegenstand. – Offensichtlich finden sich hier gleich mehrere Verstöße gegen die Setzungen der Platonischen Ontologie.

10 Siehe meine Arbeit „On Language, Thought and Reality in Ancient Greek Philosophy", in: Dialectica 31 (1977), aufgenommen in A. G., Issues in the Philosophy of Language. Past and Present (s. Anm. 6), S. 9–42.

11 Siehe meine Studie „Philosophische Erkenntnis und begriffliche Darstellung. Bemerkungen zum erkenntnistheoretischen Exkurs des VII. Briefes", in: Abhandlungen der Geistes- und Sozialwissenschaftlichen Klasse. Akademie der Wissenschaften und der Literatur, Mainz 4 (1989) S. 3–39.

III. 131 a4–e5: Metaphysische Paradoxien

1.

Nirgendwo tritt die Bewußtseinsgestalt der Verdinglichung drastischer hervor als in der Alternative, Teilhabe am *F* selbst bedeute entweder Teilhabe am ganzen *F* oder aber Teilhabe an einem Teil von ihm (131a4–5); und nirgendwo werden die Absurditäten dieser Betrachtungsweise[12] deutlicher als in der angenommenen Konsequenz, daß die Idee dann entweder als ganze *in* verschiedenen Dingen sei oder aber in Teilen an den Partizipanten vorkomme. Im einen Fall wäre die Idee zwar eine, jedoch von sich selber getrennt (131b1–2), im anderen Fall wäre die eine Idee zerstückelt und nicht eine (131c9–10). Da beide Konsequenzen inakzeptabel sind, Teilhabe aber einzig und allein im Sinne der Alternative von 131a4–5 betrachtet werden kann, scheitert der Versuch, die Ideenlehre ins Spiel zu bringen. Dabei wissen wir aus dem *Symposion*, daß die Ideen von den Vorgängen in Raum und Zeit weder berührt noch in Mitleidenschaft gezogen und insbesondere weder 'mehr' noch 'weniger' werden (211b). Insofern steht die Konstellation hier im *Parmenides* im Schatten einer *vaticinatio ex eventu.*[13]

Nun hat der literarische Parmenides mit seiner Argumentation zwar auf Sokrates' Herausforderung reagiert, die Annahme eines Pluralismus bezüglich der Welt der normalen Einstellung sei für den Fall unproblematisch, daß man Ideen postuliere. Doch ist die Argumentation selber alles andere als tragfähig. Sie krankt daran, daß der Unterschied zwischen 'haben von *F*' einerseits und 'teilhaben am *F* selbst' nicht beobachtet wird und die In-Sein-Relation als Konverse zur Teilhabe-Beziehung auftritt (s. II). Im tieferen Sinne scheitert sie jedoch daran, daß Dinge, Eigenschaften und Ideen gleichermaßen als Objekte behandelt werden und diese Art der Betrachtung – A. P. D. Mourelatos prägte im Blick auf die Denkweise des historischen Parmenides den Ausdruck 'naive metaphysics of things'[14] – nur da keinerlei Schaden anrichten kann, wo wir einem strikten Seins-Monismus das Wort reden, i. e. der Annahme *eines* Seienden, das keinerlei

12 Der Clou ist natürlich die Annahme, daß z. B. Kleinheit selber größer sei als jener Teil, der sich im Partizipanten finde (131d8–9).

13 Siehe auch Dorothea Frede, Platon. *Philebos*, Göttingen 1997 (= Platon Werke. III,2), S. 124.

14 „Heraclitus, Parmenides and the Naive Metaphysics of Things", in: Exegesis and Argument, hrsg. v. E. N. Lee, A. P. D. Mourelatos and R. Rorty, Assen 1973, S. 16–48.

Differenzierung aufweist. In diesem Sinne wäre etwa das sog. seiende Eine in der zweiten Deduktion *qua* Kompositum aus Einheit und Sein (142c8 ff.) ein Ding, welches aus zwei Dingen bestehen müßte und somit den Bedingungen strikter Einheit nicht genügen könnte (s. u.).

2.

Fragen wir, wer im Umkreis der platonischen Schule den begrifflichen Status der Ideen derart verzeichnet haben mochte, daß Platon seinerseits zu so drastischen Charakterisierungen greifen mußte, so bietet sich wohl in erster Linie Eudoxos an. Denn dieser Denker hat die Teilhabe-Beziehung physikalistisch interpretiert und als Einmischung von Qualitäts-Dingen aufgefaßt. Diese Betrachtungsweise – sogar Aristoteles, der den Teilhabe-Gedanken ja als 'leere Metapher' charakterisierte, empfindet sie als massiv falsch – ist von jeher in Orientierung an der Ontologie des Anaxagoras aufgefaßt worden.[15] Nur vermag der Rekurs auf Eudoxos bzw. Anaxagoras unsere Probleme allenfalls ein Stück weit zu erklären: So hätte etwa die eine Vorstellung, daß die Idee von sich selbst getrennt sein müßte (s. o), nichts mit der anderen Vorstellung zu tun, daß die Idee etwa als ganze (physisch) partizipiert würde.

Deshalb ist es wichtig zu sehen, daß das Metaphysische Paradox, oder besser: Versionen desselben, auch in Kontexten auftauchen, die keinerlei physikalische Orientierung nahelegen, nämlich im Dialog *Philebos*, auf der einen Seite, und in Aristoteles' *Metaphysik* VII 14, auf der anderen Seite.

3.

Im *Philebos* wird die Frage aufgeworfen, ob eine Form als verteilt und vervielfacht behandelt werden müsse oder als vollständig von sich getrennt gelten solle (15b5–7). Die Ähnlichkeit im Terminologischen ist offensichtlich. Weniger klar ist, ob beide Kontexte durchwegs zur selben Sache sprechen. Während im *Parmenides* von Formen die Rede ist, die von ihren Partizipanten gegebenenfalls pluralisiert werden, müßte im *Philebos* hier eigentlich an Arten bzw. Unter-Arten gedacht sein. Nur tritt dies im

15 Vgl. Aristoteles, *Metaphysik* I 9, 991a15–19.

relevanten Zusammenhang nicht hervor. Mithin bleibt eine gewisse Unsicherheit. Nun könnte man argumentieren, daß Unterschiede wie die zwischen 'fallen unter' und 'über- bzw. untergeordnet sein' erst mit Frege thematisch wurden und Gegenstände und Unter-Begriffe bis dahin zum Begriffsumfang zählten. Doch kann das Problem selbst so kaum einer Entscheidung näher geführt werden. Allenfalls mag die Überlegung – verbunden mit dem Befund, daß Platon in seinen späteren Dialogen (*Sophistes*) auch Teilhabe-Beziehungen zwischen Ideen in Rechnung stellt – dafür sprechen, daß Platon auch Unter-Arten u. ä. als Instanzen und entsprechend als Vervielfältiger von Ideen betrachtete. In diesem Sinn scheint die terminologische Übereinstimmung zwischen *Parmenides* und *Philebos* doch sehr suggestiv. Insbesondere aber gewinnen wir von der *Philebos*-Stelle her eine Bestätigung der Annahme, daß die sog. Metaphysischen Paradoxien der Idee als Eines und Vieles nicht an eine physikalistische Interpretation der Teilhabe-Beziehung gebunden sind.

Dies geht auch aus der *Metaphysik*-Stelle hervor. Hier moniert Aristoteles, (i) daß der Ansatz selbständig existierender Ideen von Spezies--Begriffen verlangen müßte, daß die eine Gattung (γένος) entweder als numerisch ein und dieselbe in den Spezies-Ideen (z. B. Mensch, Pferd) vorkomme, oder als jeweils andere (1038a27–28). Im einen Fall ist fraglich, ob und wie die Idee Lebewesen in voneinander getrennten Seienden eine sein könnte und die Idee nicht ebenso getrennt von sich selber existieren würde (1038a33–1038b2); (ii) diese und andere Ungereimtheiten würden sich auch in Bezug auf das Verhältnis zu den wahrnehmbaren Dingen ergeben (1039b16–18), weshalb der Ideenansatz scheitere.[16]

Offensichtlich skizziert Aristoteles hier eine Problemlage, die wie im Falle (i) der im *Philebos* genannten Konstellation entspricht und, wie im Falle (ii) auch den entscheidenden Punkt im *Parmenides* berührt. (Die letztere Problemlage wird auch bei späteren Autoren thematisch. So gehört etwa Suárez zu den Denkern, die Universalien außerhalb der Dinge, von denen sie instantiiert werden, keine Existenz zubilligen, weil die fragliche Entität ansonsten von sich selber abgetrennt würde (*Met. Disp.* V § 1,4c)). Auffällig ist an der Argumentation im Kapitel 14 allerdings die Voraussetzung, nämlich daß die in Frage stehenden Ideen als selbständig ange-

16 Die Aristoteles-Stelle wurde von Siebeck als Gegenstand der Attacke des platonischen Parmenides angesehen. Siehe dazu W. D. Ross, Aristotle's *Metaphysics*. A Revised Text with Introduction and Commentary, Bd. II, Oxford 1958, S. 212. Ross sieht die Situation umgekehrt.

nommen und zugleich Spezies in Begriffen von Gattung und Unterschieden gebildet werden.[17] Die Erwähnung dieser Bedingung macht deutlich, daß die These bezüglich der Zersplitterung und Trennung der Idee von sich selbst in Aristoteles' Augen genau dann zur Sache spricht, wenn Ideen mit Genera identifiziert und Spezies in bestimmter Weise analysiert werden. Nur scheint diese Konstellation Platon selber nicht einmal zu treffen. Zumindest im *Philebos* findet sich kein Hinweis auf *differentiae*. Vielmehr orientiert sich die Betrachtung an dem Gegensatz 'bestimmbar'/'bestimmt'.[18] Doch läßt sich dieser Punkt wahrscheinlich nicht entscheiden. Umso wichtiger scheint der Hinweis, daß Speusipps Verständnis des *Dihairesis*-Verfahrens anders als dasjenige Platons mit der Vorstellung einer Gliederung der Wirklichkeit verbunden war, die sich mit dem Verständnis von *Dihairesis* als heuristischer Methode nicht vereinbaren ließ.[19] In diesem Zusammenhang wird deutlich, daß die akademische Auffassung der Teilung von Gattungen in Unterteile, in denen sie vorkommen, genau für den Fall problematische Züge annehmen müßte, daß die Gattungen als selbständig existierende Gebilde angesehen werden (vgl. *Topik* VI 6, 143b30–32).[20] Also müßte die Annahme der Existenz von Ideen im Interesse der Beibehaltung des *Dihairesis*-Verfahrens verworfen werden.

4.

Diese und andere Erwägungen führen uns zu dem Befund, daß neben der physikalistischen Interpretation der Teilhabe-Beziehung, wie sie von Eudoxos verfolgt wurde, eine Art begrifflicher Teilung in Betracht gezogen wurde; und es ist diese Betrachtungsweise, die Platon als Problem mit-

---

17 Der Übersetzung des Anfangspassus stellen sich eine Reihe von bekannten Problemen. Ich folge hier dem Verständnis, das M. Frede und G. Patzig in ihrem Buch Aristoteles, *Metaphysik* Z. Text, Übersetzung und Kommentar. Zweiter Band: Kommentar, München 1988, S. 265–266 entwickeln.

18 Siehe E. E. Benitez, Forms in Plato's *Philebos*, Assen 1989, S. 49.

19 Siehe H. F. Cherniss, Die ältere Akademie. Ein historisches Rätsel und seine Lösung, übers. v. J. Derbolav, Heidelberg 1966, S. 53.

20 Vgl. H. F. Cherniss, Die ältere Akademie S. 54–56.

teilt.[21] Daß es sich hier in der Tat um ein aufklärungswürdiges Problem handelt, wird zu Beginn der zweiten Deduktion deutlich. Hier ist nämlich von einem seienden Einen die Rede, das beliebig teilbar zu sein scheint und immer wieder aufs Neue als Kompositum von Einheit und Sein auftritt. Doch ist diese Betrachtungsweise mißlich. Denn Begriffe bzw. begriffliche Merkmale lassen sich nicht in Portionen aufteilen. So oder so wird deutlich, daß metaphysische Paradoxien der oben angezeigten Art in Platons Sicht damit zu tun haben, daß abstrakte Entitäten dem Status dinghafter Gebilde angeglichen werden; und es ist in diesem Sinne nicht uninteressant zu sehen, daß die besagten Paradoxien im *Philebos* nicht zum Tragen kommen (s. XVII. 3).

IV. 132a1–b2 und Speusipp

1.

Das erste Regreß-Argument in Platons Dialog *Parmenides* (132a1–b2) wurde zumeist im Blick auf seine logische Struktur diskutiert.[22] Darüber blieb außer Acht, wie Platon den Gedanken eigentlich inszeniert und welche Gültigkeit diese Inszenierung unter den Voraussetzungen seines eigenen Denkens zugebilligt werden kann. Die nachfolgenden Überlegungen sollen zeigen, daß Platon selber den Gedanken nicht ernst nahm und diesen Aspekt der Ideenkritik sicher als Produkt eines Mißverständnisses ansah. Näherhin soll deutlich werden, daß das Regreß-Argument von Speusipp in die Diskussion gebracht worden sein dürfte.[23]

---

21 Unmittelbar stellt sich die Frage, ob und wieweit der Dialog *Philebos* als Dokument platonischer Philosophie interpretiert werden kann. – Dieser Punkt sollte in Auseinandersetzung mit den Arbeiten von Constance Meinwald diskutiert werden, siehe „Plato's Pythagoreanism", in: Ancient Philosophy 22 (2002) S. 87–101.

22 An dieser Stelle mag der Hinweis auf G. Vlastos' Arbeiten genügen, siehe Platonic Studies, Princeton, N. J. 1981, sowie Studies in Greek Philosophy, Bd. II: Socrates, Plato and their Tradition, hrsg. v. D. W. Graham, Princeton, N. J. 1995, S. 166–214.

23 Daß Speusipp die Ideenannahme nicht akzeptieren konnte, hängt u. a. damit zusammen, daß er – anders als Platon und anders auch als Aristoteles (und mittelalterliche Philosophen in großer Zahl) – das Prinzip ablehnt, daß die Ursache stärker sei als ihr Effekt. Sofern Platons Auffassung der Idee von dem Gedanken getragen wird, daß die Idee jeweils in höherem Maße das ist, was die Dinge in der Welt an den Tag legen, ist diese

2.

Der kruziale Punkt im Regreß-Argument ist 132a6–7 mit der Verwendung des Ausdrucks ἐὰν ὡσαύτως τῇ ψυχῇ ἐπὶ πάντα ἴδῃς gegeben. Denn „ebenso mit der Seele" auf die großen Dinge *und* die Idee Größe bzw. das Große selbst blicken, heißt unterstellen, daß sich Ideen und Partizipanten dem gleichen Blick eröffnen wie vorher die großen Dinge 132a2–3.[24] Diese Beschreibung der Erkenntnis-Situation ist platonisch gesehen unhaltbar. Denn weder sind Ideen Gegenstände normaler Wahrnehmung; noch befinden sich Partizipanten und Ideen auf einer Stufe. Nach allem, was wir aus den einschlägigen Stellen in *Phaidon* und *Politeia* wissen, muß die hier vorgetragene Art der Betrachtung ausscheiden.[25]

Dies wirft allerdings die Frage auf, wer in Platons Augen eine derartige Optik eingenommen haben könnte, bzw. wer in seinem Umkreis der Wahrnehmung eine Rolle zumaß, die in entsprechenden Kontexten zum Tragen gekommen sein mochte. Die Antwort weist auf Speusipp. Platons Neffe unterschied – das Zeugnis findet sich bei Sextus Empiricus, dessen Begrifflichkeit allerdings jeweils mit Vorsicht zu betrachten ist[26] – zwischen wissenschaftlicher Vernunft und wissenschaftlicher Wahrnehmung (*Adv. Math.* VII § 145).[27] Dabei ist entscheidend, daß Speusipps Auffassung von Wahrnehmung die „Kluft zwischen intelligibler Erkenntnis

---

Auffassung für Speusipp inakzeptabel. – Speusipps diesbezügliche Vorstellungen wurden von R. M. Dancy analysiert: Two Studies in the Early Academy, Albany, N. Y. 1991 (= SUNY Series in Ancient Philosophy), S. 98–101.

24 Diese Beobachtung traf auch M. Miller, Plato's *Parmenides*. The Conversion of the Soul, Princeton, N. J. 1986, S. 53 sowie K. Dorter, Form and Good in Plato's Eleatic Dialogues, Berkeley, Los Angeles, London 1994, S. 32.

25 Daß Denken und Wahrnehmen in der Zeit vor Platon oft genug parallel gesehen bzw. verwechselt wurden, ist bekannt und wurde von Aristoteles (vgl. *De Anima* III 5, 427a19–25) und Theophrast oft genug moniert. Auch Parmenides von Elea behandelt Denken gelegentlich als Weise der Wahrnehmung; insofern erstaunt es auch nicht, daß Platon dem literarischen Parmenides hier und anderswo entsprechende Auffassungen unterstellt. Zu Platons Diskussion des Problems im *Theaitetos* siehe Mi-Kyoung Mitzi Lee, „Thinking and Perception in Plato's Theaetetus", in: Recognition, Remembrance, Reality, hrsg. v. M. L. McPherran, Kelowna, B. C. 1999 (= Apeiron 32), S. 37–54.

26 Siehe L. Tarán, Speusippus of Athens. A critical study with collection of the related texts and commentary, Leiden 1981 (= Philosophia Antiqua XXXIX), S. 432.

27 *F* 75 Tarán. Die Übersetzung „wissenschaftlich" ist allgemein akzeptiert, siehe jetzt auch die deutsche Ausgabe von Gegen die Dogmatiker, die H. Flückiger publizierte: Texte zur Philosophie Bd. 10, Sankt Augustin 1998, S. 39. Doch würde ich im Ernstfall eher für die Übersetzung „erkenntnishaft" plädieren.

und rein sinnlicher Erkenntnis verkleinert haben"[28] dürfte. Näherhin gilt es zu beachten, daß dieser Philosoph Eigenschaften bzw. Universalien in den Einzugsbereich jener Art von Erfahrung gerückt wissen wollte, die in seiner Vorstellung Sache eben dieser Wahrnehmung sei.

Diese Auffassung von Wahrnehmung erfüllt im Prinzip jene Bedingungen, die an jemanden zu stellen sind, der so argumentiert, wie der literarische Parmenides an der oben genannten Stelle. Dabei hat Platons Vorgehen ein gewisses Raffinement. Indem er deutlich macht, daß die Idee in der Sicht mancher Kontrahenten den Charakter des Wahrnehmungshaften hat, erklärt er zugleich, weshalb Denker dieser Prägung die Idee entsprechend als eine Art Gegenstand behandeln. M. a. W.: er lokalisiert die Quelle des Mißverständnisses und zeigt, weshalb seiner Meinung nach das Regreß-Argument bodenlos ist. Nun könnte man Platon gegenüber geltend machen, daß diese Strategie das Problem der Ideen wohl kaum entscheide. Insbesondere wäre zu fragen, ob Speusipps Auffassung von Wahrnehmung nicht richtig und diejenige Platons womöglich falsch sei. Aber auch diesen Punkt scheint Platon in Betracht gezogen zu haben. Denn im *Theaitetos* präsentiert Platon eine Wahrnehmungstheorie, dergemäß Wahrnehmungsgehalte von Begriffen durchtränkt seien.[29] Damit will Platon bedeuten, daß die Strukturierung der Wahrnehmung durch Begriffe unweigerlich auf die Frage hinausläuft, wie die Präsenz der Begriffe eigentlich zu erklären sei; und dieser Frage scheint Speusipp keine besondere Beachtung geschenkt zu haben. Jedenfalls dürfte Platon – diese Interpretation ist allerdings anfechtbar – den aporetischen Ausgang des *Theaitetos* als Hinweis auf die Notwendigkeit der Annahme von Ideen gemeint haben. Und dieser Hinweis läßt sich u. a. auch als Antwort auf die

28 A. Metry, „Speusippos. Philosophie als Universalwissenschaft", in: Philosophen des Altertums. Bd. 1: Von der Frühzeit bis zur Klassik, hrsg. v. M. Erler u. A. Graeser, Darmstadt 2000, S. 154. Ausführlicher behandelt der Verfasser diese und andere Punkte in seiner Monographie Speusippos. Erkenntnis – Zahl – Metaphysik, Bern 2002 (= Berner Reihe philosophischer Studien 29).

29 *Theaitetos* 185d3–4, dazu siehe meine Ausführungen in „Hegels Kritik der sinnlichen Gewißheit und Platons Kritik der Sinneswahrnehmung im *Theaitet*", in: Revue de Philosophie Ancienne 3 (1985) S. 39–57, aufgen. in: Studien zu Spinoza, Herder, Hölderlin und Hegel, Sankt Augustin 1999, S. 95–106. Der für unsere Belange springende Punkt findet sich da, wo Platon betont, daß wir diese begrifflichen Gehalte mit der Seele wahrnehmen, wobei die Seele „selbst für sich" agiere, ohne Zuhilfenahme der körperlichen Organe (185e6–7). Dabei ist auffällig, daß die Tätigkeit der Seele so beschrieben wird, als handele es sich um die philosophierende Seele in *Phaidon* (66a1, 87a1 u. ä.).

Situation verstehen, die mit Speusipps erkenntnistheoretischen Vorstellungen in den Raum trat.

3.

Bleiben wir bei der Problematik des Textes 132a1–b2, so wird deutlich, daß das Regreß-Argument nur für den Fall zulässig ist, daß die jeweilige Form begrifflich gesehen als dingartiges Gebilde angesehen werden darf. Genau diese Auffassung der Idee wird von Platon verworfen, wie auch aus dem Katalog von gesuchten Absurditäten hervorgeht, die zu den Antinomien im 2. Teil des Dialoges führen. Doch wehrt sich Platon nicht nur gegen alle Tendenzen der Vergegenständlichung. Er zeigt auch – bzw. legt nahe – wie die unzulässigen Vergegenständlichungen zustande kommen: Wenn Ideen als Objekte bzw. Inhalte des reinen Denkens (vgl. *Phaidon*, *Politeia*) auf einer Stufe mit Wahrnehmungsgehalten betrachtet werden, wird die Idee zu einem Ding *inter alia*: erst damit wird sie zu einem Gegenstand normaler Prädikation; und erst so tritt der Regreß ein. Doch sind die in Rede stehenden Annahmen in Platons Augen unzulässig. Damit wird auch klar, daß das Regreß-Argument für ihn kein Fundament hat.

V. 132b8–c11: Die Konzeptualistische Deutung

1.

Nominalistische bzw. konzeptualistische Deutungen der Idee werden vor allem mit Antisthenes assoziiert. Doch ist unklar, welche Position dieser Philosoph tatsächlich vertrat. Im Lichte der spätantiken Charakterisierungen liegt die Überlegung nahe, Antisthenes habe, wie die Stoiker in Gestalt ihrer ἐννοήματα sowie Abaelard und Spinoza mit ihrem Rekurs auf bloße Vorstellungen, an Inhalte gedacht, die als diffuse Bilder zu denken wären. Nur würde diese Auffassung von Ideen bzw. Universalien in unserem Kontext wenig fruchten. Denn eine Deutung von Ideen als gedankliche Entitäten könnte sich ohnehin nur für den Fall anbieten, daß die in Frage stehenden Gebilde objektiven und damit intersubjektiven Charakter hätten. Davon geht ja auch das 'Argument vom Denken' in *De Ideis* aus (vgl. Alexander, *In Metaph.* 81.25–82.7).

2.

Insofern ist denkbar, daß auch die sog. konzeptualistische Deutung der Idee, die Sokrates 132b8 ff. anbietet, auf eine Vorstellung Speusipps Bezug nimmt, der den Universalien den Status eines mentalen Gebildes zuerkannt haben dürfte. Auch hier sieht Platon ein Problem, das sich nicht leicht von der Hand weisen läßt. Tatsächlich sind 'Gedanken' ebenso wie 'Vorstellungen' von einer Akt/Objekt- bzw. Akt/Resultat-Ambiguität charakterisiert.[30] Dabei scheint klar, daß Denken *als* Denken als mentaler bzw. psychischer Vorgang aufzufassen ist. Nun ist Denken, wie andere Akte, intentional, d. h. ein Denken *von* etwas; und dieses *etwas*, der Gehalt, Inhalt usw. läßt sich nicht ohne weiteres als etwas 'nur' Mentales erklären. Zumindest bliebe so der objektive Charakter begrifflicher Gehalte aufklärungswürdig, der in und von den Wissenschaften damals wie heute selbstverständlich vorausgesetzt wurde. Beide Gesichtspunkte spielen in den Ideen-Beweisen der Akademiker eine wichtige Rolle.[31] Deshalb liegt es nahe, daß derartige Annahmen im besonderen Maße der Kritik jener ausgesetzt waren, die die Ideen-Lehre nicht akzeptierten. Daß Speusipp zu dieser Gruppe von Leuten gehörte, dürfte unkontrovers sein. Fraglicher ist vielleicht, ob Speusipp als Adressat jener Zeilen 135a3 ff aufgefaßt werden kann, in denen Platon von Leuten spricht, die substanzielle Vorbehalte gegen die Annahme von Ideen artikulieren und sich kaum überzeugen lassen.[32] Zwar bleibt mangels anderer Hypothesen auch hier nur Speusipp

30 Auf diesen Punkt wies R. E. Allen in seinem Aufsatz „Ideas as Thoughts: *Parmenides* 132b–c", in: Ancient Philosophy 1 (1980) S. 29–38, bes. S. 31 hin.

31 Alexander, *In Metaph.* 79,3–80,6 bzw. 81,25–82,7. Die Texte habe ich übersetzt in „Aristoteles. Über Ideen-Beweise der Akademiker", in: Bochumer Philosophisches Jahrbuch für Antike und Mittelalter 3 (1998) S. 124–143, bes. S. 125–126, 131.

32 Diese Meinung vertritt J. Pepple in einem noch unveröffentlichten Aufsatz „Parmenides 134e–135c and the Third Man Argument". Siehe auch seine Arbeit „The Unwritten Doctrines: Plato's Answer to Speusippus". – Ich danke dem Autor für die Zusendung der Manuskripte.

als wahrscheinlicher Antipode, doch bedarf dieser Punkt gesonderter Behandlung.

VI. 132c12–133a6 und Speusipps Begriff der Ähnlichkeit

1.

Mit dem Vorschlag, Teilhabe als Ähnlichkeits-Beziehung zwischen Ding und Idee zu verstehen (132c12–d4),[33] versucht Sokrates, jene Folgen zu vermeiden, die im Regreß-Argument einerseits (132a6 ff.) und in der sog. konzeptualistischen Deutung der Idee als νόημα andererseits (132a10 ff.) aufschienen. Insbesondere hofft der junge Sokrates, mittels eines nun stark abgeschwächten Verständnisses von 'Teilhabe' dem Paradox entgehen zu können, daß die Idee buchstäblich zerstückelt würde und von sich selbst getrennt existieren müßte (131a4–6, b1–2 u. ö.). Diese neue Strategie ist aus zwei Gründen interessant. Erstens erinnert sie an Aristoteles' Bemerkung, daß die Pythagoräer meinten, die Dinge ahmen Zahlen nach, und daß Platon (*mutatis mutandis*?) eigentlich nichts anderes gemeint habe und nur die Terminologie änderte, nämlich statt μίμησις den Ausdruck μέθεξις verwendete.[34] Aristoteles' Bemerkung wird bekanntlich als Ausdruck einer gewissen Herablassung gedeutet.[35] Darüber wurde vielleicht übersehen, daß dieser Diagnose ein realer Kern zugrunde liegen dürfte, der Licht auf das Verständnis des Platonischen Teilhabe-Begriffes werfen könnte.

Zweitens wird die hier relevante Ähnlichkeits-Relation ohne weiteres als symmetrische Beziehung aufgefaßt: Wenn das Ding der Idee ähnlich

33 Zu dem Gedanken siehe generell R. Patterson, Image and Reality in Plato's Metaphysics, Indianapolis, Ind. 1985.

34 Vgl. *Metaphysik* I 6, 987b10–13. Vgl. Theophrast, *Metaph.* 11b1 in Bezug auf Platon und die Pythagoräer.

35 Dies u. a. deshalb, weil Aristoteles den Terminus 'Teilhabe' im gleichen Atemzug als 'leere Metapher' charakterisiert. Doch sollte dies nicht darüber hinwegtäuschen, daß Aristoteles seinerseits den Ausdruck 'Teilhabe' durchaus verwendet, nämlich im Kontext der Frage, ob Arten an den Gattungen teilhaben und umgekehrt (vgl. *Topik*).

ist, so ist auch die Idee dem Ding ähnlich (132d5–7).[36] Daß dieser Aspekt problematische Züge birgt – die meisten Kommentatoren haben die Vorstellung, daß die Idee dem Ding ähnlich sein müßte, stets als kontraintuitiv betrachtet – ist klar.[37]

Doch ist es wichtig zu sehen, daß beide Punkte zusammen – die Analyse von Teilhabe in Begriffen von 'Nachahmung' und die Angleichung der Idee an den Status von Dingen – ein merkwürdiges Bild ergeben. Denn der Rekurs auf den Begriff der μίμησις führt uns in die Nähe der Vorstellung, daß etwas, *X*, etwas anderes, *Y*, ausdrückt oder an den Tag legt.[38] Hingegen verweist uns die Behauptung, daß die Idee ihrerseits auch dem Ding ähnlich sei, auf die Annahme, daß sich *X* und *Y* in bestimmter Hinsicht gleichen bzw. einander ähnlich sind. Beide Gedanken sind nicht nur verschieden. Sie eröffnen unterschiedliche Orientierungen und in der Sache divergente Positionen.

2.

Platon hatte alles Interesse, diesen Kontrast herauszustellen. Nur so kann nämlich deutlich werden, daß der Regreß vor dem Hintergrund eines massiven Mißverständnisses eintritt, nämlich für den Fall, daß die Mimesis-Beziehung als Ähnlichkeits-Beziehung gesehen wird. An dieser Stelle bleibt zu fragen, wer die Behauptung des Ähnlichkeits-Regresses ins Feld geführt haben mochte. Diese Frage muß hoffnungslos spekulativ anmuten. Doch könnte der Schein trügen. Denn *de facto* steht unsere Frage

---

36 Einer der Autoren, die diesen Punkt bejaht zu haben scheinen, war Eudemos (siehe Alexander v. Aphrodisias, *In Metaph.* 83,34–84,7).

37 Platon selber scheint dies insofern anzudeuten, als er die Frage stellen läßt: „oder gibt es irgendeine Möglichkeit ...?" (132d7). Fragen dieser Art scheinen Alternativen auszuschließen. Doch wissen wir oft genug – so auch an kruzialer Stelle in der ersten Deduktion des zweiten Teils (141e11) – daß eine Alternative besteht und es am Gesprächspartner gewesen wäre, die Zustimmung zu verweigern.

38 Daß der Mimesis–Begriff im Bericht des Aristoteles vor dem Hintergrund der alten, rituellen Vorstellungen beurteilt werden müsse, betont auch W. K. C. Guthrie, A History of Greek Philosophy, Bd. I, Cambridge 1962, S. 229 ff. Im Kontext dieser Überlegungen (siehe A. Bächli u. A. Graeser, Grundbegriffe der antiken Philosophie. Ein Lexikon, Stuttgart 2000, S. 149–150 [Art. „Nachahmung"]) lohnt sich auch ein Blick auf Ernst Cassirers Philosophie der symbolischen Formen, mit der Auffassung der Ausdrucks-Funktion als konstitutives Moment der mythischen Welterfahrung und Wirklichkeits-Gestaltung.

ja unter zwei Einschränkungen. Die eine besteht darin, daß Ähnlichkeit ausnahmslos als symmetrische Beziehung angesehen wird (s. o.); die andere verlangt, daß Gebilde unterschiedlicher Art und sogar unterschiedlicher Seinsordnung in Beziehung der Ähnlichkeit zueinander stehen können. Nun impliziert die letztere Bedingung erstere, erstere aber nicht letztere; und die letztere Bedingung wurde, wenigstens zum Teil, von Speusipp beobachtet, der als Kritiker der Ideenlehre Erwähnung findet und überdies auch Platons Prinzipienlehre attackierte.

Der für unseren Zusammenhang relevante Punkt besteht in Speusipps Methode der ὅμοια, d.h. u.a. der Suche nach Ähnlichkeiten (ὁμοιότης) innerhalb des Gebietes der Verschieden- bzw. Andersheit (ἑτερότης). Näherhin geht es um die Feststellung von Ähnlichkeiten, die sich im Vorliegen von Zahlenverhältnissen manifestieren, – von ἀριθμοί also, die den ontologischen Status von Entitäten fundieren.[39] Offenbar hat Speusipp mit dem Terminus 'Ähnlichkeit' einen engeren Sinn verbunden als Platon in seinen Dialogen;[40] und es ist dieser technische Sinn, der die Behauptung von Ähnlichkeitsbeziehungen zwischen Dingen unterschiedlicher Ordnung, wie etwa zwischen Körpern und Zahlen, gestattet. Von hierher würde auch verständlich, daß Speusipp nicht zögerte, Ding und Idee *in puncto* Ähnlichkeitsbeziehung gleich zu behandeln wie Körper und Zahlen in seinem eigenem System. Vielleicht glaubte er, dazu insofern berechtigt zu sein, als Platon seinerseits ja Ideal-Zahlen postulierte und die Ideen in höherstufigen Verhältnissen fundiert sah. Da wir über die Details dieser und anderer Überlegungen nicht viel wissen, sind weitergehende Mutmaßungen nicht aussichtsreich. Dies ist umso mehr bedauerlich, als damit auch die Frage offen bleiben muß, ob Speusipps Kritik an Platon nicht doch eine gewisse Berechtigung hatte, zumindest vor dem Hintergrund jener Auffassungen, von denen sich Platon leiten ließ.

3.

Gehen wir davon aus, daß Platon und Speusipp im gewissen Sinn Pythagoräer waren bzw. pythagoräische Traditionen erneuerten – Speusipp

39 Vgl. A. Metry, Speusippos. Zahl-Erkenntnis-Sein (s. Anm. 28), S. 58.

40 Vgl. A. Metry, Speusippos. Zahl-Erkenntnis-Sein S. 56 Anm. 50, im Blick auf Ps. – Jamblich, *Theologumena Arithmeticae* Kpt. 61–63, De Falco, S. 82, 10–85, 23.

vermutlich mehr noch als Platon[41] – so scheint die Basis für die Annahme eines eigentlichen Dissenses denkbar schmal. Doch liegen die philosophischen Probleme hier wohl wie oft im Detail. So ist es eine Sache, Zahlenverhältnisse zu vergleichen und gegebenenfalls Ähnlichkeitsverhältnisse zu konstatieren. Letztere lassen sich kaum anders denn als symmetrische Relationen verstehen. Eine andere Sache ist es, Ideen als *termini ad quos* zu postulieren und Dinge als etwas anzunehmen, was diese instantiiert und exemplifiziert. Hier scheint es nicht sinnvoll zu sagen, daß die Idee, so verstanden, dem Ding irgendwie gleicht oder ähnlich sei. Insofern dürfte die Betrachtung des zweiten Regreß-Argumentes im *Parmenides* zeigen, daß Platons Ansatz in dieser Hinsicht nicht gefährdet ist.

VII. 133b8–134e8: Die sog. größte Aporie

1.

Die größte Aporie, die sich aus der Ideen-Annahme ergebe, ist die Unerkennbarkeit der Ideen. Diese gorgianisch anmutende Konsequenz ist umso irritierender, als die Ideen ihrerseits ja als Garanten von Erkenntnis überhaupt gelten und sinnvolle Rede nur unter der Voraussetzung der Existenz von Gebilden dieser Art möglich sei (135b–c). Daß der historische Parmenides selber die Trennungs-These als Behauptung der Unerkennbarkeit interpretiert hätte, ist unwahrscheinlich. Denn eines seiner Argumente zugunsten des Seins-Monismus machte sich den Gedanken zu eigen, daß entrückte Dinge auf dem Wege geistiger Vergegenwärtigung anwesend seien (VS 28 B 4). Dies würde auch erklären, weshalb der literarische Parmenides die Aporie nicht für perniziös hielt. So wäre vielleicht an empiristisch orientierte Haltungen wie die des Antisthenes oder Diogenes zu denken. Beide sollen gesagt haben „Ein Pferd sehe ich, Pferdheit hingegen nicht". Dies könnte bedeuten, daß Antisthenes und Diogenes

41 Daß Platons Rolle in diesem Punkt nicht leicht zu beurteilen ist, zeigt Th. Ebert in seiner Studie „Wer sind die Ideenfreunde in Platons *Sophistes*?", in: Amicus Plato, magis amica veritas, hrsg. v. R. Enskat, Berlin 1998, S. 82–98.

Erkenntnis auf konkrete Gegenstände eingeschränkt wissen wollten. Doch ist nicht klar, wie man für diese Haltung warb.

Nun wirft die Argumentation selber eine Reihe von Fragen auf, die genauer Aufmerksamkeit bedürfen und im gewissen Sinn auch Licht auf relevante Probleme werfen. Diese Probleme gliedern sich m. E. in zwei Gruppen. Die eine umfaßt Punkte, die als Schnitzer angesehen werden können bzw. Irrtümer sind, wobei ich nicht glaube, daß es sich hierbei um Fehler handelt, die Platon anzulasten sind. Es handelt sich vielmehr um kalkulierte Defekte.[42] Die andere betrifft Verständnisweisen, die in Platons Sicht mit einer unangemessenen Auffassung der Ideen zu tun haben und sinngemäß auf die falsche Perspektive des Ideen-Kritikers zurückweisen.

Ein Beispiel ersterer Art ist die selbstverständliche Voraussetzung, daß die Idee des Wissens selbst *wisse* bzw. andere Ideen von dieser Idee *gewußt* werden (134b), Herrschaft über Sklaventum *herrsche* usw. (133e). Ein Beispiel letzterer Art ist die fast beiläufige Bemerkung, daß die immanenten Charaktere der Ideen das seien, was partizipiert wird (133d). – Im ersten Fall haben wir es mit einer Konfusion zu tun, die zwar nicht an die Annahme von Ideen gebunden ist, aber in diesem Zusammenhang besonders deutliche Züge aufweist. *De facto* handelt es sich um einen Irrtum bezüglich des logischen Typus. Im konkreten Fall – d. h. in der Anwendung auf Wissen *simpliciter*, als Idee verstanden – geht es um ein Beispiel von markanter Selbst-Prädikation. Wir haben mithin davon auszugehen, daß Parmenides (in Platons literarischer Gestaltung) das Argument der Selbstprädikation ernstnahm. Das zweite Beispiel weist in die nämliche Richtung. Denn die Auffassung dessen, an dem x teilhat, als dasjenige, was x hat, wenn es an einer Idee teilhat, fügt sich zu der Auffassung, daß Teilhabe sinngemäß an dem Bild 'ein Stück Torte erhalten' zu bemessen sei (131a, vgl. 159d1–2). Daß diese Vorstellung unangemessen ist und einen Irrweg darstellt, ist wohl unbestritten; und es ist wichtig zu verstehen, daß das sog. metaphysische Paradox – die Zerstückelung der Idee und Trennung von sich selbst – von dem in 131b die Rede ist (vgl. Aristoteles, *Met.* VII 14, 1039a34–b2), in der Sache dann auftritt, wenn die Idee vergegenständlicht und die Teilhabe-Beziehung einer dingartigen Relation angeglichen wird.

42 Unterscheidungen in diese Richtungen artikuliert auch R. Patterson, „Forms, Fallacies and the Purposes of Plato's *Parmenides*", in: Recognition, Remembrance, Reality. New Essays on Plato's Epistemology and Metaphysics (s. Anm. 25), S. 89.

Nehmen wir diese Punkte ernst, so scheint klar, daß die Argumentation Voraussetzungen birgt, die nicht akzeptabel sind. Insbesondere aber dürfte auch klar sein, daß Platon selber diese Voraussetzungen nicht teilte. Sofern das richtig ist, drängt sich die Überlegung auf, daß Platon die größte Aporie für ein Pseudo-Problem hielt. *Pari passu* legt sich nahe, daß Platon auf eine Situation reagiert, die in Kreisen ideenkritischer Philosophen heraufbeschworen wurde; und damit stellt sich die Frage, wer hier in Frage kommt. Unter den wenigen bekannten Figuren bietet sich hier m. E. nur Speusipp an. Diese Erwägung gilt es im Folgenden zu erläutern und plausibel zu machen.

2.

Ein Punkt, der zwischen Platon und Speusipp kontrovers gewesen sein müßte, ist der Gedanke der Selbständigkeit, der in der Argumentation des *Parmenides* eine kruziale Rolle spielt.[43] Speusipps Meinung kommt da zum Ausdruck, wo er die Auffassung eines Prinzips *'melius ente' ad absurdum* führt (s. X). Der Kern seines Vorbehaltes besteht offensichtlich darin, daß Prinzipien *qua* Prinzipien ihre Prinzipiate nicht transzendieren können. Positiv gewendet haben wir es hier mit der Auffassung eines Immanentismus zu tun: Das Prinzip als Ausgangspunkt von etwas ist Teil dessen, was von ihm ausgeht. Diese Auffassung schlägt sich in Speusipps Charakterisierung unterschiedlicher Bereiche nieder: Wie etwa der Punkt Prinzip der Linie, letztere das Prinzip der Fläche ist und diese wiederum Prinzip des Körpers, so gilt die *Monas* als Prinzip der Zahl usw.

Diese Position kontrastiert mit derjenigen Platons, die durch die Annahme eines *Chorismos* charakterisiert ist und auch auf höherer Ebene Ausprägung findet. Zwar scheint der begriffliche Atomismus, der die Auffassungen des *Phaidon* kennzeichnet, später einer Sichtweise zu weichen, die die Beziehungen zwischen Ideen ausdrücklich in Betracht zieht. Doch besteht kein Zweifel, daß auch hier die Ideen jeweils als Entitäten in eigenem Recht angesehen werden. Auch dieser Punkt dürfte Speusipp suspekt gewesen sein. Immerhin favorisierte dieser Philosoph ja eine Auf-

43 Insofern ist es gerechtfertigt, wenn G. Vlastos in seinem Aufsatz „Separation in Plato", in: Oxford Studies in Ancient Philosophy 5 (1987) S. 187–196 an Äußerungen in diesem Dialog ansetzt.

fassung, wonach das Wesen von Dingen als Inbegriff ihrer Beziehungen anzusehen wäre. Diese Auffassung dürfte im Hintergrund des Vorbehaltes stehen, daß Sokrates 'zu früh' Ideen bzw. begriffliche Gehalte abgrenze (135c–d1). Wie dem auch sein mag – der bloße Umstand, daß der *Chorismos* in der sog. größten Aporie so verstanden wird, als sei damit *ipso facto* ein völliges Entrücktsein der in Rede stehenden Gegenstände aus der Sphäre unseres Denken behauptet, weist auf eine konkurrierende Auffassung hin, die als immanentistische Alternative zu verstehen wäre. Eine derartige Alternative liegt in Gestalt der These Speusipps vor, daß wir über eine 'wissenschaftliche Wahrnehmung' verfügen, die uns Zugang zu begrifflichen Gehalten gewährt.

Diese These kollidiert mit allem, was wir als Position Platons ausmachen können; und sie läßt zugleich eine Auffassung von Erkenntnis erahnen, die die Annahme der Existenz von Ideen im Sinne des Platonismus Platons nicht allein als unnötig erachtet, sondern geradezu für kontraintuitiv hält. In diesem Sinn ist z. B. die Bemerkung, Götter würden unter den vorliegenden Bedingungen die menschlichen Belange nicht kennen bzw. erkennen können (134d – e), deutliches Indiz dafür, daß das Argument vom Antipoden als *reductio ad absurdum* intendiert war. Dabei spielt es im Prinzip keine Rolle, ob der Antipode diesen Punkt genau so artikulierte; es würde genügen, daß Platon den Gedanken seines Kritikers so verstand und die Tragweite des Einwandes entsprechend humoristisch in den Raum stellte.[44] Vermutlich ist letzteres der Fall. Denn damit wäre gewährleistet, daß eben jene latente Absurdität zu Tage tritt, die dem hier leitenden Verständnis des Ideen-*Chorismos* zugrunde liegt.

3.

Doch berührt das Problem – wir finden es in der 'Einleitung' von Hegels *Phänomenologie des Geistes* wieder[45] – einen wichtigen Punkt. Denn Platon selber spricht ja von der Transzendenz des Guten; und diese Trans-

44 Das Sujet hat einen gewissen Hintergrund. Dazu siehe die Ausführungen bei C. A. Huffmann, Philolaus of Croton. Pythagorean and Presocratic, Cambridge 1993, S. 125–127.

45 Ein wiederkehrender Punkt bei Hegel ist, daß das Absolute bei uns sei. Siehe meinen Kommentar (Kommentar zur Einleitung von Hegels *Phänomenologie des Geistes*, Stuttgart 1993 (1. Aufl. 1986), S. 49 zu Hegel, Gesammelte Werke Bd. 9: 53, 33 f. „wenn es nicht an und für sich schon bei uns wäre und sein wollte").

zendenz wurde in der Tradition des Platonismus dahingehend verstanden, daß diese Idee jenseits von Erkennbarkeit und Artikulierbarkeit angesiedelt sei; und Speusipp seinerseits argumentierte in seiner Attacke auf die Annahme eines Prinzips '*melius ente*' dahingehend, daß Transzendenz-Setzungen dieser Art das Prinzip seiner Funktion *als* Prinzip berauben. Was Platon in eigener Sache tatsächlich meinte, läßt sich vielleicht nicht verbindlich ausmachen. Doch scheint vieles dafür zu sprechen, daß er den Fehdehandschuh aufhob: Speusipps Immanentismus hat wenigstens eine Achillesferse. Sie findet sich im Kontext der Auffassung der *Monas* als Prinzip der Zahl: Verstehen wir (wie Speusipp) Zahlen als erstes Seiendes und die *Monas* als Prinzip der Zahl, so müßte die *Monas* gemäß der Forderung des Immanentismus selber (quasi-) Seiendes sein und (quasi-) Zahl. Nun ist aber die Auffassung der *Monas* als Zahl sehr wenig verbreitet; und es ist nicht absolut klar, daß Speusipp sie als Zahl ansah. Falls er dies nicht tat, wäre auch nicht einsichtig, daß die *Monas* als Seiendes angesehen werden dürfte.

Diese Unklarheit läßt sich kaum auflösen. Doch wurde sie von Platon deutlich angesprochen, und zwar in Gestalt des Hinweises auf jene Entitäten, die in der ersten bzw. zweiten Deduktion des zweiten Teils des *Parmenides* unter dem Titel 'das Eine' auftreten: in der ersten Deduktion finden wir das Porträt eines Gebildes, welches *qua* Nicht-Seiendes durch jene Unerkennbarkeit gekennzeichnet sein müßte, die Speusipp den Platonischen Ideen ansann. In der zweiten Deduktion hingegen werden wir alternativ mit einem Gebilde konfrontiert, welches bereits Züge von Existenz birgt. Diese Konzeption ist problematisch. So zeigt Platon, daß die Auffassung eines *seienden Einen* zu viel des Guten wäre. Sie setzt nämlich die Existenz von Zahl voraus; und sie durchkreuzt damit die Voraussetzung, daß das Eine Prinzip der Zahl sei. So betrachtet scheint Platon Einwände, die Speusipp gegen die Ideenannahme ins Felde führte, gegen dessen Konzeption der *Monas* zu kehren (s. u.).

4.

Nun gibt es gegen die oben angedeutete Interpretationslinie Einwände. Sie betreffen die Transzendenz-Negation bei Speusipp und die Frage der Intelligibilität idealer Gebilde. So ließe sich geltend machen, daß (i) Speusipp nach dem Zeugnis des Aristoteles ebenso wie Platon und Xenokrates bestimmte Entitäten als selbständig ansah,[46] und (ii) Speusipp überdies von einem intuitiven Verständnis dieser idealen Gebilde sprach.[47] Diese Einwände lassen sich nicht ohne weiteres von der Hand weisen. Doch sind sie nicht perniziös.

Die Annahme (ii) ist dahingehend zu gewichten, daß das unmittelbare, quasi intuitive Verständnis bei Speusipp Gehalte angeht, die in Platons Rahmen, so wie er im Liniengleichnis abgesteckt ist, dianoetische Verhältnisse betreffen würden und mithin diskursiven Charakter hätten. M. a. W.: Speusipp wäre soweit keine inkonsistente Haltung anzulasten. Allenfalls würde deutlich, daß Speusipp auch in anderer Hinsicht eine Meinung vertrat, die derjenigen Platons massiv entgegengesetzt war. Der andere Punkt (i) ist weniger klar. Denn ein präzises Verständnis der Zuschreibung von Selbständigkeit wird dadurch erschwert, daß Aristoteles' Bericht in erster Linie auf den Umstand abhebt, daß Platon, Xenokrates und Speusipp Zahlen nicht mit den Dingen in der Welt oder deren Zuständen identifizierten, wie das (die) Pythagoräer taten. Aber damit allein wird nicht ersichtlich, welche Art von Selbständigkeit im einen oder anderen Fall gemeint war. Daß Aristoteles dabei durchwegs den Gedanken der Substanzialität invoziert, ist vielleicht keine große Hilfe. Dazu ist die Verwendung des Begriffes 'Substanz' selbst bei Aristoteles doch zu unspezifisch. Sagen, daß Zahlen etwa Gegenstände seien, heißt nicht, den Status der in Rede stehenden Gebilde so festlegen, daß weitere Rückschlüsse möglich wären.[48]

Aber auch so scheint der Gedanke keinen Widerspruch zu der oben skizzierten Deutung anzeigen zu müssen. Denn Speusipp könnte argumentiert haben, daß es sich bei Universalien als solchen im Gegensatz zu

---

46 Siehe dazu im Detail L. Tarán, „Ideas, Numbers and Magnitudes: Remarks on Plato, Speusippus and Aristotle", in: Revue de Philosophie Ancienne 9 (1991) S. 199–231, abgedruckt in: ders., Collected Papers (1962–1999), Leiden 2001, Kpt. 13.

47 Dieser Gedanke wird von Proklos in seinem Euklid-Kommentar entfaltet (179,12 ff. = *F* 73 in der Ausgabe von L. Tarán [s. Anm. 26]). Die Schilderung weist gewisse Ähnlichkeiten mit Aristoteles' Gedanken auf, wonach der Nus seine Objekte gleichsam berührt (*Met.*1051b23). Vgl. A. Metry, „Speusippos: Philosophie als Universalwissenschaft", in: Philosophen des Altertums (s. Anm. 28), S. 15; der Autor betont, daß „Speusipps Zahlenbegriff [...] nunmehr den intelligiblen Kern" liefert, „der den ontologischen Status einer jeden Entität bestimmt und legitimiert."

48 Offensichtlich handelt es sich hier um Probleme, die moderne Interpreten bei Frege wiederfinden, d. h. in dessen Konzeption von Entitäten, die der Welt der Gedanken zugehören. Hier geht es namentlich um die Eigenschaften der Objektivität und Unwirklichkeit.

mathematischen Gebilden und Verhältnissen nicht um Gehalte handele, die in irgendeiner Form *erkannt* werden könnten. Soweit sie *erfaßt* werden, geht es um etwas, was in der Wahrnehmung dessen gegeben und vorhanden sei, was sich der Ding-Wahrnehmung eröffnet. So betrachtet geht es im Hintergrund der 'größten Aporie' um echte Probleme, die auch für moderne Begriffe keine einfachen Lösungen erwarten lassen. Platon war, das zeigen die Äußerungen des literarischen Parmenides, der Meinung, daß die Argumente zu seinen Gunsten sprechen.[49]

VIII. Der Mittelteil

1.

Der Mittelteil des Dialoges bietet eine Reihe von aufklärungswürdigen Problemen. Diese ranken sich im Kern um die Frage, weshalb ein besonderes Übungsprogramm nötig ist bzw. welche Erwartungen mit diesem verbunden werden dürften. In der Innensicht des literarischen Parmenides geht es um nichts weniger als um die Wahrheit und darum, daß die Übung Sokrates helfen werde, diese Wahrheit ausfindig zu machen (135d5–6, 136c7–8, e1–2). Zwar ist nicht klar, welche Wahrheit in den Blick rücken soll. Doch dürfen wir vermuten, daß die in Rede stehende Wahrheit so oder so auch Licht auf die Problematik des Ideenansatzes werfen können müßte. Allerdings gibt die Formulierung des Übungsprogramms selbst diesbezüglich keinerlei Aufschluß. Aufschluß bezüglich der Beurteilung des Ideenansatzes zeichnet sich erst vor dem Hintergrund der Durchführung der Übung im zweiten Teil des Dialogs ab. Hier kommen paarweise unterschiedliche Begriffe von Teilhabe und verwandten Auffassungen wie Trennung und Nicht-Sein zum Einsatz; der Leser wird sich früher oder später entscheiden müssen, welche Begriffe bzw. Auffassungen er sich zu eigen macht: Nimmt er z. B. jene Verständnisweise

49 Andere Erwägungen, die den ersten Teil des Parmenides als Dokument einer Auseinandersetzung mit Speusipp verstehen, entwickelt J. Pepple in zwei Arbeiten, die z. Zt. noch unveröffentlicht sind: „*Parmenides* 134e–135c and the Third Man Argument" und „The Unwritten Doctrines: Plato's Answer to Speusippus". Es bedarf keines besonderen Hinweises, daß ich Dr. Pepples Position(en) als kongenial empfinde.

ernst, die Eigenschaften eines Dinges als Teile des Gegenstandes der Teilhabe vorstellt, so gerät er in Probleme und flüchtet sich in die Arme des Monismus. Lehnt er diese Verständnisweise von vornherein ab, so eröffnen sich andere Optionen.

Was Parmenides angeht, der diese Übung vor vielen Jahren absolvierte und vis-à-vis der undurchdringlichen Diskrepanzen zwischen Sein und Nichtsein, von Einheit und Vielheit auf die These eines Seins-Monismus verfiel, so liegt nahe, daß es um die Wahrheit eben dieses Monismus geht (vgl. VS 28 B 1,11; 8,51) und er meint, Sokrates entsprechend bekehren zu können. Platon hingegen, der Autor, der die Karten mischt, will nicht nur die Einsicht vermitteln, daß Aussagen der Sprache der Verdinglichung Absurditäten aller Art kreieren;[50] er möchte auch die Folgerung nahe legen, daß wir ohne die Annahme der Existenz von Ideen keine Gewähr haben, unser Denken über die Wirklichkeit zuverlässig leiten zu können. Diese Erwägung hat in Platons Augen namentlich auch da ihre Berechtigung, wo Philosophen z. B. ein holistisches Verständnis anstreben, wie Speusipp es tat, oder Wesensdefinitionen, wie die Antistheniker, mit Skepsis betrachten.

2.

Konkret beginnen die Probleme des Mittelteils damit, daß der literarische Parmenides Sokrates und Aristoteles vorhält, sie 'definierten' zu früh (135c8–d1). Dieser Vorwurf ist merkwürdig. Denn nichts im Vorangehenden wies darauf hin, daß die Probleme im Ideenansatz etwas mit fehlerhaften Definitionen zu tun haben könnten. Im Gegenteil, die Hilflosigkeit des jungen Sokrates vis-à-vis den Attacken des literarischen Parmenides war offensichtlich Symptom einer gewissen konzeptuellen Unsicherheit bezüglich Status und Rolle der Idee. Insofern scheint es angezeigt, den Ausdruck ὁρίζεσθαι (135c9–10) eher auf den Sinn von 'abgrenzen' hin zu orientieren, wie er 130b2–5 vorliegt und 135a2 und 135b7 Arbeit leistet. In diesem Fall wäre die Gefahr gebannt, an Nominal-

50 Instruktive Beispiele finden sich 160e1–4 (i. e. Teilhabe des nicht-seienden Einen am 'Jenen', 'Diesen' usw.) und 160d4–7, wo aus der Tatsache, daß etwas gesagt wird, gefolgert wird, daß das Gesagte bzw. Gemeinte erkennbar ist. Siehe auch 161e3–6 (s. XIV).

Definitionen denken zu müssen. Vielmehr hätten wir es mit Distinktionen wirklicher Dinge zu tun.[51]

Dieser Punkt hat etwas für sich. Denn vor dem Hintergrund dieses Verständnisses würden wir über einen Rahmen verfügen, der sowohl den konzeptuellen Unsicherheiten Raum gibt, die Sokrates an den Tag legt, als auch generell jene Fragen umfaßt, die, modern gesprochen, die Identitätsbedingungen von Entitäten angehen. Darüber hinaus aber trägt dieses Verständnis der Tatsache Rechnung, daß der Monist Parmenides der Frage der möglichen Verschiedenheit von Entitäten besonderes Interesse entgegenbringen dürfte. Dies geht aus B 4, 2–3 hervor („denn er wird das Seiende von seinem Zusammenhang mit dem Seienden nicht abtrennen ...“), aus B 8,25 („Darum ist es ganz zusammenhängend“) und B 8,45–46 („das es hindern könnte, zum gleichmäßigen zu gelangen“). Zwar wissen wir nicht, wie strikt der Parmenideische Monismus war.[52] Insofern läßt sich Parmenides' vorsichtige Bejahung der Anerkennung von Ideen (133c8–134c2) auch nicht *per se* als Verstoß gegen die monistische Grundannahme werten; dies gilt umso mehr, als Parmenides im Kontext von 134e8–135c2 die Annahme von Ideen anders als 130a7–c2 nicht mit der starken Markierung 'getrennt' bzw. 'an sich' versieht. Gleichwohl wäre wissenswert, wie der literarische Parmenides die Annahme der Existenz von Ideen z. B. als Referenzpunkten des Denkens (135b8) mit der Konzeption seines Monismus vereinbart hätte. Vermutlich bieten die Annahmen bezüglich der Korrelation von Denken und Sein – die Auffassung, daß nur das gedacht werden kann, was ist und umgekehrt (VS 28 B 3; 6,1; 8,34–35)[53] – entsprechenden Raum.

---

51 Diese Interpretation wäre mit jenen Überlegungen vereinbar, die Robert G. Turnbull, The *Parmenides* and Plato's Late Philosophy, Toronto 1998, S. 39 geltend macht, um Parmenides' Kritik zu rechtfertigen.

52 Neuerdings ist die Frage, ob der historische Parmenides Monist war oder gar Pluralist, wieder problematisch geworden. Siehe Patricia Curd, The Legacy of Parmenides, Princeton, N. J. 1998; die Autorin meint, daß Parmenides Pluralist gewesen sei und 'predicational monist' (Kpt. II, 1). Daß Platon ihn als, in Curds Klassifikation, 'numerischen Monisten' empfand, ist wohl unbestreitbar (vgl. *Parmenides* 129a8–9, *Sophistes* 244b6–245e5, 242d5–6). Siehe generell J. A. Palmer, Plato's Reception of Parmenides, Oxford 1999.

53 Eine umfangreiche Untersuchung dieses Textes bietet J. Wiesner, Parmenides. Der Beginn der Aletheia, Berlin u. New York 1996; siehe auch A. Graeser, „Parmenides. Denken und Sein“, in: Philosophen des Altertums. Bd. I: Von der Frühzeit bis Klassik (s. Anm. 28), S. 72–83.

Ein Denker, der die Platonische Abgrenzungs-These mit Skepsis beurteilt haben dürfte, war Speusipp. Dieser Philosoph betrachtete das Wesen eines Dinges „einfach als Inbegriff aller seiner Beziehungen zu anderen Gegenständen".[54] Das bedeutet, daß er insbesondere den für die Platonischen Ideen in *Phaidon* und *Symposion* konstitutiven Charakter der Eingestaltigkeit (83e1–2, 84b ff.; 211e1–4) beargwöhnt haben müßte. Denn 'Eingestaltigkeit' im dort relevanten Sinne von Nichtkomplexität bzw. begrifflicher Nicht-Analysierbarkeit scheint jedes Verständnis von Entitäten als Brennpunkte ihrer Beziehungen auszuschließen.

Daß Platon diesem Punkt Beachtung schenken wird, scheint in den späteren Dialogen hervorzutreten. Doch enthält bereits der *Parmenides* einen diesbezüglich wichtigen Hinweis. Denn an späterer Stelle im Mittelteil (136a4 ff.) markiert der literarische Parmenides unter den Punkten, die es bei der Formulierung der Konsequenzen eigens zu berücksichtigen gelte, die Unterscheidung 'an sich'/'für sich' bzw. 'in bezug auf Anderes'; und es ist das letztere Glied dieser Unterscheidung, das auf Speusipps Tendenz zur Beobachtung holistischer Strukturen Bezug nimmt (s. u.).

3.

Nun tritt der Sinn der Unterscheidung nicht unmittelbar hervor; und auch im Kontext der eigentlichen Durchführung des Übungsprogrammes finden sich keine Hinweise, aus denen hervorginge, wie die Unterscheidung *in actu* zu verstehen sei und wie nicht. So läßt sich auch der Verdacht nicht ausräumen, daß Platon bei der Gestaltung der Übung im zweiten Teil die Dinge sehr viel weniger genau nimmt als noch bei der Formulierung des *modus procedendi* im Mittelteil. Ob dies einen besonderen Grund hat– man könnte vermuten, dies sei Teil des literarischen Portraits –, muß ebenso offen bleiben wie die Klärung der Frage, wieso die in Rede stehende Unterscheidung nominell gesehen bereits 133d3 ff. eine Rolle spielt, ohne daß deutlich würde, ob es sich um weitere rein identische Anwendungen des Begriffspaares handelt.

---

54 H. F. Cherniss, Die ältere Akademie. Ein historisches Rätsel und seine Lösung (s. Anm. 19), S. 49, 55, 100. Die Kernstelle ist *F* 63a, vgl. auch *F* 66a, in der Sammlung von Tarán (s. Anm. 23).

Versuchen wir, der Unterscheidung nun einen relativ plausiblen Sinn abzugewinnen, so liegt es nahe, an zwei Arten von Prädikation zu denken:[55] (i) Die eine präsentiert eine Sache *X* in Begriffen ihrer selbst, z. B. *Y*; hier würde es sich typischerweise um Tautologien, essentielle Verhältnisse oder solche der Analytizität im Sinne der Charakterisierung Kants handeln, wonach der Prädikatsbegriff *Y* im Subjektsbegriff *X* enthalten wäre. (ii) Im anderen Fall wäre entsprechend an Konstellationen gedacht, die nicht-essentielle Verhältnisse bzw. Strukturen synthetischer Art angingen. Wenden wir dieses Deutungsmuster auf die Konklusionen der ersten bzw. zweiten Deduktion an, so würde sich ergeben, daß es im einen Fall (i) keine Eigenschaft *Y* gibt, die *X* kraft seiner eigenen Natur hat, und im anderen Fall (ii) das Eine über sämtliche Eigenschaften *Y* verfügt.

Doch mag man sich fragen, ob dieses Deutungsschema in der vorliegenden Form den Situationen im zweiten Teil des *Parmenides* tatsächlich durchwegs gerecht wird. Denn die Konfrontation zwischen den Befunden der ersten und zweiten Deduktion läßt sich nicht ohne weiteres nach dem Motto '*A* ist *B*' bzw. '*A* ist *C*' aufschlüsseln. Dies würde voraussetzen, daß '*A*' in beiden Fällen eine identische Referenz hätte. Aber diese Annahme scheint nicht gerechtfertigt. Zumindest für heutige Begriffe handelt es sich bei dem Einen der ersten bzw. zweiten Deduktion jeweils um Gebilde unterschiedlicher Art, nämlich im einen Fall vielleicht um die Eigenschaft Einheit, im anderen Fall um etwas, was über die Eigenschaft verfügt und insofern eines ist. Nun deckt sich diese Betrachtungsweise offenbar nicht mit derjenigen Platons. Insofern ist die Frage der Referenz von 'das Eine' nicht einfach vorentschieden; so mag die Rede von der Teillosigkeit auf den geometrischen Punkt weisen (vgl. Euklid, *Elemente*, Def. I,1), auf die Platonische Idee oder auf das eine Parmenideische Seiende. Doch weist sie bestimmte Ähnlichkeiten mit einer Unterscheidung auf, die Aristoteles erwägt, wenn auch für seine Person nicht akzeptiert; und zwar handelt es sich um die Auffassung von Einheit als Substanz vs. die Auffassung von

---

55 Aristoteles drückt sich gelegentlich so aus, daß im einen Fall dasselbe von sich selbst gesagt werde, im anderen Falle verschiedenes bzw. anderes. – Diese Stellen habe ich in meiner Studie „Aspekte der Ontologie der Kategorienschrift" (s. Anm. 8) eigens in Betracht gezogen. Eine umfassende Diskussion dieser Problematik bietet Alan Code, „Aristotle: Essence and Accident", in: Philosophical Grounds of Rationality, hrsg. R. E. Grandy u. R. Warner, Oxford 1986, S. 411–439, siehe bes. '6. Plato on Being and Having' (S. 125 ff.).

Einheit als Prädikat.[56] Legen wir diese Sichtweise zugrunde, so wäre der Sinn der Unterscheidung 'in Bezug auf sich selbst'/'in Bezug auf Andere' für unseren Kontext folgendermaßen zu präzisieren: (i*) Die erstere Betrachtung gilt einer Eigenschaft *F* rein für sich genommen; (ii*) die letztere Betrachtung gilt der Extension von *F*, also einem *F*-Ding bzw. *F*-Dingen überhaupt.

4.

Nun hängt die Beantwortung der Frage nach dem präzisen Sinn der Unterscheidung 'in Bezug auf sich selbst'/'in Bezug auf Anderes' ein Stück weit von der Frage ab, welche Gebilde als paradigmatische Objekte entsprechender Aussagen in Betracht kommen. Diese Frage läßt sich kaum bindend entscheiden. Blicken wir nämlich auf die von Parmenides genannten Beispiele, so zeichnen sich als Kandidaten Terme wie 'das Ähnliche', 'das Unähnliche', 'Bewegung', 'Ruhe', 'Werden' und 'Vergehen' ab.[57] Aus 136c1–2 scheint hervorzugehen, daß buchstäblich beliebige Terme herausgelesen werden dürften; und im nämlichen Kontext findet sich die Empfehlung, dabei möglichst viele, ja möglichst alle Terme in den Blick zu nehmen, um so – dies darf hinzugefügt werden – ein vollständiges Bild unseres begrifflichen Netzes zu gewinnen. An diesem Kaleidoskop von Termen fällt auf, daß wir es einerseits mit Ausdrücken für dingartige Gebilde zu tun haben, andererseits mit Ausdrücken für Prozesse und Zustände u. ä. Doch beginnen die Schwierigkeiten hier erst. Denn Sätze, in denen vom Sein z. B. des Ähnlichen die Rede ist, lassen sich unterschiedlich analysieren. Im einen Fall hätte man es mit Berichten bezüglich der Existenz abstrakter Entitäten zu tun, z. B. in Gestalt von Platonischen Ideen. Im anderen Fall würde es sich um Berichte über das Vorhandensein entsprechender Gebilde in irgendeinem Teil der Welt handeln. Von Ähn-

56 Siehe Karen Gloy, „Aristoteles' Theorie des Einen", in: Einheit als Grundfrage der Philosophie, hrsg. v. Karen Gloy u. E. Rudolph, Darmstadt 1985, S. 73–101, bes. 89. Siehe auch M. Stokes, One and Many in Presocratic Philosophy, Washington, D. C. u. Oxford 1971, S. 7–23 ('Aristotelian Analyses').

57 Der historische Parmenides sagte: „Darum ist alles Name, was die Sterblichen angesetzt haben, im Vertrauen darauf, es sei wahr: Entstehen und Vergehen, Sein und Nichtsein, den Ort wechseln und leuchtende Farbe ändern" (VS 28 B 8,39–41; vgl. B 19, A 16, A 25, A 29).

lichem zu sagen, es existiere, heißt behaupten, daß es Dinge gibt, die ähnlich sind; und von Bewegung zu sagen, sie sei, hieße dann implizieren, es gebe Dinge, die bewegt werden oder sich bewegen (vgl. *Sophistes* 249b2–3). Nur wird aus dem Zusammenhang selber nicht deutlich, ob Parmenides innerhalb dieser Klasse möglicher Thematiken jene Unterscheidung berücksichtigt, die er 135e3–4 ausdrücklich beobachtete, nämlich die Distinktion zwischen Gegenständen normaler Wahrnehmung (e1–2) auf der einen Seite und solchen, die sich im Denken erfassen lassen und als εἴδη angesehen werden dürften, auf der anderen Seite.[58]

Diese Frage ist insofern relevant, als der Passus 135d7–e4 gelegentlich als Stütze für ein exklusives Verständnis interpretiert wird, i. e. daß als Objekte für die Unternehmung nur Ideen in Betracht kommen und der zweite Teil des Dialoges entsprechend von Ideen handele. Nun scheint der Disput bezüglich einer restriktiven oder nicht-restriktiven Lesart im gewissen Sinne fruchtlos. So läßt sich die Rede von teillosen Gebilden auf die *Monas* (als Prinzip der Zahl) beziehen, u. a. auf den Punkt, oder auf das Individuum *in abstracto* (vgl. Euklid, *Elemente*. Def. I,1 bzw. VII, 1). Was gemeint sein müßte, bleibt im Dunkeln. Doch auch wenn es im zweiten Teil um Ideen gehen sollte, bliebe immer noch zu fragen, ob der literarische Parmenides die in Frage stehenden Gebilde tatsächlich als Ideen behandelt. Hier regt sich Zweifel. Denn wir müßten zur Kenntnis nehmen, daß er 164d1–165e2 Ideen als Massen (ὄγκοι) konzeptualisiert. Oder wir müßten annehmen, daß der Ausdruck 'mein Eines' (137b3–4) als Ideen-Name fungiert![59] Dies scheint absurd. Solche und andere Beispiele legen nahe, daß Platon zu verstehen geben will, es sei eine Sache, von Ideen zu sprechen, eine andere, Ideen als Ideen zu behandeln. Offenbar ist der literarische Parmenides nicht *der* Philosoph, der Sokrates klare Optionen vor Augen halten könnte.

Vor diesem Hintergrund schwindet auch die Hoffnung, der Verwendung des Ausdrucks 'das Eine' präzise Konturen abzugewinnen. Vermutlich oszilliert das Verständnis dieses Terminus im Mittelteil (und auch sonst) zwischen seiner Verwendung als Name einerseits und als Prädikat bzw. Begriffswort andererseits. In diesem Sinn würde 'das Eine' Dinge

---

58 Jene Stellen, an denen von 'im Denken' nehmen die Rede ist, legen bei Licht besehen ein Verständnis im Sinne von 'etwas abstrahiert von etwas anderem betrachten' nahe.

59 Constance Meinwald, Plato's *Parmenides*, New York 1993, S. 177 Anm. 1 spricht von einer „minor infelicity". Ich denke, daß hier soviel gemeint ist wie „meine Thematik". Am Rande sei hier erwähnt, daß 'Eins' als Attribut in VS 28 B 8,6 auftaucht.

bezeichnen können, auf die man sich bezieht, oder aber jenen Faktor bedeuten bzw. konnotieren, der das in Rede stehende Ding zu *einem* macht.[60] Entsprechende Unklarheiten begleiten auch das Verständnis des Terminus 'die Anderen'.[61] Dies zeigt sich im Blick auf diejenigen Gebilde, von denen in der dritten Argumentation die Rede ist. Hier haben wir es *de facto* mit zwei verschiedenen Typen von Dingen zu tun: auf der einen Seite mit all den Entitäten, die an Einheit teilhaben, auf der anderen Seite – diesseits der Teilhabe-Beziehung – mit etwas, was der Menge nach unbegrenzt sei (158a6). M. a. W.: Im hier relevanten Kontext denotiert der Ausdruck 'die Anderen' sowohl die Klasse jener Dinge, die Einheit als Eigenschaft aufweisen, als auch die Klasse jener Dinge, die den eben genannten Entitäten als Substrata zugrunde liegen. Aristotelisch gesprochen geht es mithin um die sog. ersten Substanzen auf der einen und die dazu gehörigen hyletischen Faktoren auf der anderen Seite.

5.

Zu den aufklärungswürdigen Problemen gehört auch die Frage nach der Bedeutung des 'ist' bzw. 'ist nicht' im Kontext der Hypothesis. Diese Frage scheint prinzipiell unauslotbar. Dies gilt umso mehr, als selbst die logisch einstellige Verwendung von 'ist' im Griechischen nicht auf den Sinn von 'existieren' festgelegt werden kann. Insofern bietet sich G. E. L. Owens Maxime an, wonach 'sein' soviel bedeute wie 'das eine oder das andere sein'.[62] Doch benötigen wir für den Kontext der Explikation des Übungs-Programms und seine Durchführung im zweiten Teil vermutlich spezielle(re) Artikulationen. Dies wird bereits von der Deutung des 'in Bezug auf Anderes' im Sinne von (ii*) nahegelegt. Denn die Existenz-

60 Daß überhaupt nie von Ideen, sondern immer nur von Individuen gesprochen werde, ist die These von Mary M. McCabe, Plato's Individuals (s. Anm. 6), S. 108 („any individual entities").

61 Richtig weist P. Stekeler-Weithofer auf die Notwendigkeit einer Unterscheidung zwischen Komplement-Klasse und Komplement-Begriff hin, siehe „Zu einer Interpretation von Platons Dialog *Parmenides*", in: Das weite Spektrum der Philosophie, hrsg. v. W. Lenzen, Berlin u. New York 1997, S. 360–361 (= Perspektiven der analytischen Philosophie Bd. 14).

62 Siehe „Plato on Not-Being" in: Logic, Science and Dialectic (s. Anm. 8), S. 104–137; M. Frede, Prädikation und Existenzaussage, Göttingen 1967 (= Hypomnemata, Heft 18).

Setzung von Einheit bzw. dem Einen im Kontext der zweiten Deduktion erfordert sinngemäß ein Verständnis wie 'Wenn Einheit vorkommt'. Nur gilt es zu bedenken, daß eine derartige Paraphrase des Antecedens einen Wandel in Bezug auf das Verständnis des Subjekt-Terminus im Consequens mit sich bringen würde, der im Griechischen selbst kein Pendant hätte. Denn hier geht es um das Eine.

6.

Dabei betrifft die Frage nach dem präzisen Sinn von 'ist' nur einen Aspekt der Sache. Eine andere Problematik ist mit der Frage nach dem Folge-Begriff angezeigt, der die Beziehung zwischen Antecedens und Consequens bestimmt. Im Programm-Entwurf wird der Ausdruck συμβαίνειν verwendet, und zwar so, daß die Wiedergabe durch 'sich ergeben für ... ' nahe liegt. In der Durchführung der Übung finden sich kopulative Wendungen (165e3) und Ausdrücke wie 'erleiden' (164b6). Natürlich sagen diese und andere Termini nichts über die exakte Natur der Beziehung, die zwischen einem Sachverhalt, *P*, und einem anderen Sachverhalt, *Q*, etabliert wird bzw. etabliert werden soll. Handelt es sich um logische Beziehungen wie im Falle 'Wenn jemand ein Mensch ist, ist er ein Lebewesen' oder 'Wenn Peter Kapitalist ist, ist Peter kein Kommunist' u. ä.? Oder geht es um die Etablierung notwendiger Bedingungen dergestalt, daß festgestellt wird, was wahr bzw. der Fall sein muß, wenn der Satz '*P*' wahr sein soll?[63]

Die Grundfigur der Argumentation ist sicher von dem Gedanken bestimmt, notwendige Bedingungen (*Q*) für das Bestehen eines angenommenen Sachverhaltes (*P*) ausfindig zu machen und von hieraus eine Aufzählung hinreichender Bedingungen zu gewinnen: $\sim Q \supset \sim P$.[64]

---

63 Entsprechende Fragen stellt R. Hägler, Platons *Parmenides*, Berlin u. New York 1983, S. 81.

64 Diese Beobachtung wurde von K. R. Sayre in die Diskussion eingebracht, zuletzt in seinem eindrücklichen Werk Parmenides' Lesson, Notre Dame, Ind. 1996.

IX. 137c4–142a8/142b3–155e3: Deduktion I und Deduktion II

1.

Die Konstellation der beiden ersten Ableitungen ist dadurch charakterisiert, daß wir es mit einem konträren Gegensatz zu tun haben und jede der beiden Annahmen überdies eine interne Diskrepanz an den Tag legt. So besteht der Gegensatz darin, daß das Eine im einen Fall keine Eigenschaft hat, im anderen Falle freilich alle Eigenschaften aufweist; und die in Rede stehenden Diskrepanzen treten in der Weise hervor, daß gilt 'Wenn das Eine ist, so ist das Eine nicht' bzw. 'Wenn das Eine eines ist, so hat das Eine alle Eigenschaften'. Beide Versuche, das Eine begrifflich zu fassen, scheitern, im einen Fall deshalb, weil sich der Gegenstand *qua* eigenschaftsloses Gebilde jedem klassifikatorischen Zugriff entzieht, im anderen Fall deshalb, weil das Eine von den Anderen nicht unterschieden werden könnte (155e1-2). So gesehen läßt sich sagen, daß der erste Versuch bei weitem zu kurz greift, während der zweite Versuch ebenso bei weitem über das Ziel hinausschießt. Diese Situation ist auffällig und soll uns noch beschäftigen (s. 4).

2.

Doch ist es zunächst wichtig, zu sehen, weshalb beide Versuche scheitern bzw. in eine falsche Richtung zielen. Einer der Faktoren, die in beiden Deduktionen operativ sind, ist die stillschweigende Voraussetzung, daß Eigenschaften ihren Träger bzw. das Ding, dessen Eigenschaften sie sind, *ipso facto* pluralisieren. Im Kontext der Betrachtung der ersten Deduktion bedeutet diese Vorausetzung eine massive Einschränkung: Vom Einen sagen, daß es irgendeine Eigenschaft habe, wäre gleichbedeutend mit der Behauptung, daß das Eine nicht das Eine ist, jedenfalls nicht in dem später evozierten Sinn vom 'Einen selbst' (158a5) oder 'vollkommen Einen' (157c4), 'dem, was es ist, eins zu sein' (158a5) oder 'wahren Einen' (159c5). Denn das hier in Rede stehende Gebilde – wenn es denn tatsächlich um ein und dieselbe Entität geht – ist dadurch charakterisiert, daß es keine Teile hat; und Eigenschaften haben heißt soviel wie Teile haben und Vieles sein. An dieser Stelle wird deutlich, daß die Situation dadurch kompliziert wird, daß der Unterschied zwischen 'Teil eines Ganzen sein' und 'Teil einer Menge sein' nicht beobachtet wird. Daß Platon selber Unterschiede dieser Art sehr wohl vor Augen hatte und die Konfusion hier und anderswo kalkuliert inszenierte, scheint u. a. bereits daraus hervorzugehen, daß er im Blick auf die 'Eines und Vieles'-Problematik oft genug von trivialen und nicht-trivialen Versionen spricht, hier aber seine eigene Überzeugung nicht ins Spiel bringt. Daß Parmenides seinerseits als Archeget und zudem denkbar radikaler Verfechter der Pluralisierungsthese gelten darf, geht daraus hervor, daß dieser sämtliche Versuche, das eine Seiende als Bündel von Eigenschaften zu betrachten, rigoros zurückweist: Nicht homogen zu sein, heißt, mehr als ein Ding zu sein (VS 28 B 8).

3.

In der zweiten Deduktion wird die Pluralisierungsthese in gewisser Weise ins Extrem getrieben. Denn hier wird das seiende Eine, i. e. jenes Eine, das „am Sein teilhat, weil es ist" (143a4–5), als Ganzes betrachtet, das aus zwei Teilen besteht, nämlich dem Einen und dem Sein (142d5). Diese Vorstellung ist merkwürdig. Selbst wenn es plausibel wäre, Sein bzw. Existenz als Eigenschaft von Dingen zu behandeln und die Eigenschaft als eine Art Ingredienz des Dinges zu betrachten, schiene es kontraintuitiv, den in Rede stehenden Komplex so zu konstruieren wie dies hier geschieht: Das Eine bzw. Einheit und Sein werden *qua* Teile eines Ganzen ontologisch einander so assimiliert, daß unklar bleibt, weshalb es sich bei dem Ganzen dann nicht ebenso gut um 'ein Seiendes' handelt. Dies gilt umso mehr, als es im nämlichen Kontext auch heißt, daß 'Einheit' und 'Sein' extensional äquivalent seien: Wo immer sich Einheit findet, da findet sich Sein und umgekehrt (142e6–7). Im Zusammenhang der Argumentation bedeutet dies, daß wir die Teile des seienden Einen je isoliert teilen können und gleichwohl mit einer jeweils neuen Zweiheit von Sein und Einheit bzw. Einheit und Sein konfrontiert sind (142d9–e6). Daß die Rede von der Teilung bzw. Vielheit des einen Seienden vom literarischen Parmenides ernst gemeint ist, erhellt nicht nur aus der Behauptung „Folglich wäre auf diese Weise das seiende Eins unbegrenzt an Menge" (143a2–3); es geht auch daraus hervor, daß Platon seinen Parmenides einen zweiten Regreß konstruieren läßt, indem deutlich werden soll, daß die Auffassung von

Einheit als Zweiheit von Einheit und Sein die Existenz von Zahl voraussetzt („Wenn also Eins ist, so gibt es notwendigerweise auch Zahl", 144a4) und damit – so wäre zu ergänzen – just das voraussetzt, was mit der Annahme von Einheit eigentlich erst erklärt werden soll.

4.

An diesem Punkt scheint es angezeigt, die Relevanz der eingangs angesprochenen Konstellation hervorzukehren. Wenn es in der Tat so ist, daß die in Rede stehende Auffassung des Einen die Annahme von Zahl (ἀριθμός) voraussetzt, so ist klar, daß es sich bei dem in Rede stehenden Einen um die *Monas* handeln müßte. Damit wären wir in den Bereich der pythagoräischen oder pythagoräisierenden Mathematik verwiesen; und konkret hätten wir es mit jener Auffassung zu tun, wonach die Eins das Prinzip von Zahl sei. So wie Platon die Konstellation charakterisieren läßt, wäre eben diese Auffassung unverständlich und falsch. Denn im einen Fall müßten wir auf eine Auffassung von Einheit rekurrieren, die nicht erklären würde, wie die *Monas* die Rolle eines Prinzips annehmen könnte. Im andere Fall würden wir Opfer einer *petitio principii*.

Daß der literarische Parmenides ein derartiges Dilemma porträtieren kann, scheint in dem Moment plausibel, wo bedacht wird, daß Zenons Attacken gegen den Pluralismus auch vor der Destruktion pythagoräischer Monaden nicht zurückschreckte. So finden sich bei Zenon Gedanken wie „wenn das Eine selbst unteilbar ist [....] ist es wohl nicht" (Aristoteles, *Metaph.* III 4, 1001b7–8); und der maßgebliche Punkt scheint für Zenon der gewesen zu sein, daß „was weder hinzugefügt etwas größer mache noch weggenommen kleiner, nicht seiendes" sei (loc. cit.).[65] Daß Platon

65 Der Kontext der Erwägungen Zenons wird unterschiedlich beurteilt. D. J. Furley (Two Studies in the Greek Atomists, Princeton, N. J. 1967, S. 66: „Taken together, they apparently prove that if there is one it must have no magnitude, and therefore it must be non-existent") sieht sowohl das eleatische Eine wie auch Vielheit überhaupt als Gegenstand der Attacke(n) und betrachtet die mögliche Relevanz der Erwähnung von Einheiten wie Punkten als aristotelische Kolorierung, der dann u. a. Eudemos gefolgt sei. Diese Interpretation scheint mir in dieser Form zumindest mit den textlichen Gegebenheiten in *Metaph.* III 4 nicht vereinbar. Wie W. K. C. Guthrie (A History of Greek Philosophy, Bd. 2, Cambridge 1965, S. 91) meine ich, daß „All the above arguments against plurality apply to any sort of plurality, but in choosing the form of attack he did, Zeno must have had an eye on the Pythagoreans of a generation before the 'fluxion' method of producing figures and bodies from points."

freilich *pari passu* für philosophische Insider eine aktuelle Situation anspricht, liegt in dem Augenblick nahe, wo bedacht wird, daß Speusipp die Zahl als erstes Seiendes ansah und die *Monas* als ein Prinzip der Zahl und damit als Prinzip des Seienden betrachtete. Daß diese Position philosophisch anfällig ist, hängt damit zusammen, daß Prinzipien in der Sicht Speusipps immanente Ausgangspunkte dessen sind, was sie prinzipieren, und gleichzeitig die Eigenschaften (noch) nicht aufweisen, die sie erklären sollen. Im konkreten Fall muß diese Auffassung Probleme generieren. So stellt Aristoteles in seinem Bericht über Speusipp fest, „daß das Eine selbst nicht einmal seiend ist" (*Metaph.* XIV 5, 1092a14–15). Zwar ist unklar, ob Aristoteles Speusipps Meinung referiert oder einen Rückschluß anstellt, der zum Ausdruck bringt, was Speusipp auf dem Boden seiner eigenen Auffassungen meinen sollte.[66] Doch ändert dies nichts an der Brisanz der Situation: Speusipps Position scheint von einer internen Spannung charakterisiert, die fatale Züge hat; und es ist diese Spannung, die Platon hinter dem Schleier literarischer Verstellungen in der ersten und zweiten Deduktion zur Sprache bringt. Gab es dafür einen besonderen Grund?

X. Speusipp als Kritiker der Platonischen Prinzipien-Lehre

1.

Daß Speusipp die Ideen-Annahme verwarf, ist bekannt und unbestritten.[67] Weniger bekannt ist hingegen, wie massiv Speusipp auch die Prinzipien-

66 Hier wäre Jamblich, *DCMS* IV, 15.7–9 zu nennen: „das Eine (welches in der Tat noch nicht [einmal] „seiend" genannt werden darf auf Grund der Tatsache, daß es einfach ist und daß es [als] Prinzip [der Anfang] des Seienden ist, das Prinzip keineswegs [bzw. noch nicht] derart beschaffen ist wie jene, deren Prinzip es ist) ..." (übers. von A. Metry, Speusippos. Zahl–Erkenntnis–Sein S. 169). – Nur gilt es zu sehen, daß der seinerzeit von P. Merlan für Speusipp in Anspruch genommene Text (*DCMS* IV) im Detail immer wieder neuplatonische Kolorierungen aufweist und von daher nicht ohne weiteres als Speusippos-Text angesehen werden sollte. – Diese Punkte bedürfen einer eigenen Untersuchung.

67 Siehe *F* 35, Leonardo Tarán, Speusippus of Athens (s. Anm. 26). Mögliche Argumentationsstränge diskutiert Alain Metry, Speusippos. Zahl–Erkenntnis–Sein S. 8–13. In der Literatur scheint das eigentliche Stichwort des Aristoteles (*Metaph.* XIII 9, 1086a 2–5:

Lehre seines Onkels kritisierte – die *opinio recepta* geht ja im Gegenteil dahin, daß sich Speusipp die diesbezüglichen Auffassungen zu eigen machte und nicht zuletzt deshalb auch als wichtigster Zeuge der esoterischen Philosophie Platons zu gelten habe.[68]

Diese Auffassung(en) halte ich für falsch. Daß sie *a priori* wenig für sich haben, erhellt bereits aus der, wie ich meine, rhetorischen Frage, wie jemand, der die Ideen-Annahme verwarf, Platons Prinzipien-Lehre akzeptieren konnte.[69] Daß sie tatsächlich falsch sind, läßt sich anhand der Zeugnisse dartun, die Speusipps Verständnis von 'Prinzip' angehen. Dies soll im Nachfolgenden geleistet werden. Dabei wird sich zeigen, daß der Unterschied zwischen Platon und Speusipp recht präzise charakterisiert werden kann. Wollen wir den entscheidenden Punkt schon jetzt ins Auge fassen, so bietet sich diese Überlegung an: Die These, daß x und y Prinzipien von allem, z, seien, erlaubt zwei Lesarten, nämlich

(i) $(\exists x)\,(\exists y)\,(z)$ (x und y sind die Prinzipien von z) und

(ii) $(z)\,(\exists x)\,(\exists y)$ (x und y sind die Prinzipien von z).

Dabei verdeutlicht die Stellung der Quantoren, daß die Position (i) mit der Existenz zweier Prinzipien rechnet, die neben und über allem residieren, während die Position (ii) die Möglichkeit offen läßt, daß unterschiedliche Typen oder Arten von Seienden je eigene Prinzipien x und y an den Tag legen.

(i) ist die Auffassung, die Platon zugeschrieben wird, (ii) hingegen die Auffassung, die ich für Speusipp in Anspruch nehme. (ii) paßt zu jenen Zeugnissen bei Aristoteles, die besagen, daß jeder Seins-Bereich (Zahlen, Quantitäten etc.) eigene Prinzipien habe; und sie paßt entsprechend auch

---

„... weil sie die Schwierigkeit und Künstlichkeit in Bezug auf die Ideen sehen ...") nicht genügend Beachtung zu finden. Offensichtlich geht es um Punkte, die Aristoteles seinerseits als besonders problematisch empfindet, wie etwa die Vorstellung, daß das Wesen einer Sache getrennt von dem existiert, dessen Wesen es ist oder die Vorstellung einer sinnlosen Verdoppelung der Wirklichkeit. M. E. war Speusipp vor allem auch der Überzeugung, daß die Ideen kausal ineffizient wären.

68 Ein profilierter Vertreter dieser Tradition ist Jens Halfwassen, siehe z. B. „Speusipp und die metaphysische Bedeutung von Platons *Parmenides*", in: Einheit und Vielheit, hrsg. von W. Hagman u. R. Gleis, Würzburg 1993, S. 339–373.

69 Dieser Punkt wurde in der Forschung vor allem von Luc Brisson angemessen betont: „Premises, Consequences, and Legacy of an Esotericist Interpretation of Plato", in: Ancient Philosophy 15 (1995) S. 117–134.

zur Kritik des Aristoteles, daß Speusipps Wirklichkeit episodenhaft konzipiert sei und ein führendes Prinzip (analog (i)) fehle. Insbesondere paßt (ii) auch zum angeblichen Konzeptualismus Speusipps: Wir können von Einheit und Vielheit als relevanten Prinzipien sprechen, ohne annehmen zu müssen, daß sie unabhängig von ihrem Vorkommen an und in den Dingen noch separat als Größen eigener Art über und neben allen Dingen residieren.[70]

2.

Daß Speusipp für (ii) und gegen (i) votierte, hat genauer betrachtet etwas mit seiner Auffassung der Rolle von Prinzipien zu tun. Prinzipien (ἀρχαί) sind demzufolge nämlich immanente Ausgangspunkte dessen, was begründet bzw. prinzipiert wird, und dem Prinzipierten gegenüber nicht transzendent.[71] Wie die *Monas* Prinzip (im Sinne von Einheit) der Zahl ist, ist der Punkt (im Sinn von Einheit) Prinzip der Linie usw. Diese Erwägung bestimmt auch Speusipps Kritik an Platon. Wenden wir uns nämlich dem Zeugnis in Proklos' *Parmenides*-Kommentar zu, wo Speusipp als Zeuge für das relevante Verständnis des Textes 141e10–142a1 zitiert wird (*F* 48 Tarán), so fällt auf, daß Speusipp hier eine Auffassung vor Augen stand, welche (*Q*) das Eine als Entstehungsgrund des Seienden (*a quo le ens*) charakterisiert und zugleich (*P*) das Eine als besser bzw. stärker als das Seiende ansieht. *P* und *Q* sind jedoch unverträglich; und Speusipp befindet, daß *P* ausschließen müßte, daß *Q* wahr sein kann. Insofern ist auch – in seiner Sicht – die Überlegung gerechtfertigt, daß die Verfechter von '*Q* und *P*' das Eine seiner Stellung als Ursprung des Seienden 'entledigten'.

Natürlich steht und fällt diese Kritik mit Speusipps eigener Auffassung von Einheit als Prinzip (s. u.) und der Auffassung, daß Prinzipien nicht mit Eigenschaften ausgestattet sein können, deren Vorkommen sie ja erklären

70 Vgl. auch Myles Burnyeat, „Platonism and Mathematics. A Prelude to Discussion", in: Mathematics and Metaphysics, hrsg. v. A. Graeser, Bern u. Stuttgart 1987 (= Berner Reihe philosophischer Studien Bd. 6), S. 238 Anm. 63.

71 Es handelt sich m. a. W. um jenes Verständnis, das auch als Bedeutung von »ἀρχή« akzentuiert wird, vgl. *Metaph.* V 1.

sollen.[72] Die Vertreter der in Rede stehenden Positionen sehen die Konstellation '*P* & *Q*' nicht als Widerspruch. Aber sie sehen, daß die Auffassung des Einen als Seinsgrund (*a quo*) nicht ausreicht und haben deshalb z. B. mit der Unbestimmten Zweiheit einen zweiten Faktor (*elementum*) eingeführt. Dieser Faktor wird als Prinzip des Seienden betrachtet.

Diese letzte Annahme ist obskur. Denn nirgendwo wird das sog. Zweite Prinzip je isoliert als Prinzip des Seienden genannt. Man kann den Stein des Anstoßes verharmlosen und geltend machen, daß Proklos selber oder seine Quelle oder aber der Übersetzer die Dinge kavaliersmäßig behandelt habe. Aber das wäre philosophisch eine uninteressante Hypothek. Man kann den Text aber auch ernst nehmen und ihm einen klaren Sinn zu geben versuchen. Im letzteren Fall hätten wir den Satz »führten sie die Unbegrenzte Zweiheit als Ursprung des Seienden ein« als Diagnose und Kritik des Speusipp aufzufassen. Der Vorteil dieses Verständnisses liegt offensichtlich darin, daß sich eine Parallelität zur Konklusion des ersten Gedankens (»und befreiten und entledigten es von seiner Stellung als Ursprung des Seienden«) ergibt und der Gedankengang so insgesamt als kohärentes Argument erkennbar wird.

Vor dem Hintergrund dieser Erwägungen ergibt sich folgendes Bild: Speusipp hatte in seinem Text ein Argument gegen eine bestimmte Prinzipien-Lehre bzw. Prinzipien-Auffassung lanciert. Dieses Argument sollte zeigen, das bestimmte Annahmen inkohärent sind. Es hätte insbesondere zeigen sollen, daß unter der Voraussetzung der kritisierten Position selbst die Einführung des Zweiten Prinzips keine Arbeit leisten könnte, weil es *alle* Arbeit leisten müßte.

3.

Dieser Befund spricht also gegen (i) und für (ii). Insbesondere macht er deutlich, daß Speusipps eigener Prinzipien-Ansatz nicht in Begriffen hyper-transzendenter Charakteristika beschrieben werden darf, wie sie im Kontext der Darstellung bei Jamblich, *DCMS* IV vorkommen bzw. vorzukommen scheinen; und er legt *pari passu* nahe, daß Speusipps Auffassungen im Zweifelsfall eher durch die Überlegungen eingefangen

---

72 Diese Sichtweise wurde von R. M. Dancy, Two Studies in the Early Academy (s. Anm. 23), S. 98 exploriert.

werden, die sich in den einschlägigen Passagen bei Aristoteles finden. Dazu gehört nicht nur die Feststellung, „daß das Eine nicht einmal seiend ist“ (*Metaph.* XIV 5, 1092a14–15),[73] sondern auch die unverkennbare Tendenz, das Eine und die *Monas* zu identifizieren.[74]

Diese Identifikation – genauer die interpretatorische These bezüglich einer solchen Gleichsetzung – wurde wahrscheinlich nicht zuletzt deshalb mit Skepsis quittiert, weil man im Licht der Ausführungen Jamblichs auf jeden Fall an der Annahme der Existenz einer eigenen prinzipienhaften Entität namens *Einheit* festhalten wollte und diese selbstverständlich im Sinne der Lesart (i) verstand. Aber eben dieses Verständnis muß als fehlgeleitet angesehen werden. Denn wenn die *Monas* bei Speusipp als Prinzip der Zahl figuriert und der Bereich der Zahlen als erste Gattung des Seienden gilt, ist die *Monas* (ein) Prinzip des Seienden; und wenn dieses Prinzip im Sinne der reduktiven Einlassungen auf der Basis von '*P* & *Q*' nicht jenseits von Sein bzw. nicht als besser oder stärker als das Seiende angesiedelt werden darf, entfällt auch jeder Grund, neu-platonisierende Verständnisse zu favorisieren.[75]

4.

Doch sind damit nicht alle Probleme vom Tisch. Speusipps Konzeption des Einen (i. e. *Monas*) als Prinzip des Seienden scheint an einer Diskrepanz zu leiden. Diese besteht darin, daß die *Monas* als Prinzip der angesprochenen

73 Diese Stelle wurde von L. Tarán dahin interpretiert, daß wir es – von den schieren Gegebenheiten der Grammatik her betrachtet – mit einem Rückschluß des Aristoteles zu tun haben, siehe Speusippus of Athens (s. Anm. 26), S. 104 f., 338 f. – Ich denke, daß diese Deutung im Kern korrekt ist: Aristoteles zwingt Speusipp in eine Ecke, in der dieser kaum stehen wollte – Platons Argumentation in der ersten Deduktion des zweiten Teils des Parmenides geht in dieselbe Richtung (s. u.) – und irgendwie stehen mußte. Doch hängt die Beurteilung der Sachlage entscheidend davon ab, ob die These '(F) (~Fa)' in der Sicht des Aristoteles etwa '~(∃x) (Fx & x = a)' nach sich ziehen würde oder nicht. Nur ist diese Frage nicht gut entscheidbar. Aber ich denke, daß Speusipp kein Interesse hatte, eine absolute Negation zu behaupten.

74 Diese Beobachtung traf L. Tarán, Speusippus of Athens (s. Anm. 26), S. 36. – In meiner Sicht der Dinge wäre diese Beobachtung keineswegs absonderlich. Gemäß (ii) wäre eine entsprechende Situation sogar gefordert.

75 In dieser Hinsicht tendiere ich also zu einer radikaleren Diagnose als mein Schüler Alain Metry in seiner ausgezeichneten Arbeit Speusippos. Zahl–Erkenntnis–Sein.

Art nicht über die Eigenschaften des Prinzipierten verfügen darf;[76] diese Bedingung rückt das Eine in die Richtung der Überlegung, die Aristoteles geltend machte. – Auf der anderen Seite müßte das in Rede stehende Prinzip *qua* Prinzip im Sinne von 'immanenter Ausgangspunkt' (vgl. *Metaphysik* V1) etwas sein, von dem etwas ausgehen kann. Diese Konstellation erinnert den modernen Leser an jene Unklarheit, die Hegels Konzeption des reinen Sein als unmittelbaren Anfang der Wissenschaft überhaupt aufweist: „Es ist noch Nichts, und es soll etwas werden. Der Anfang ist nicht das reine Nichts, sondern ein Nichts, von dem etwas ausgehen soll; das Seyn ist also auch schon im Anfang enthalten. Der Anfang enthält beides, Seyn und Nichts."[77] Gleichwohl spricht Hegel im ersten Abschnitt bekanntlich von diesem Anfang dann als „reinem Sein" bzw. „reinem Nichts".[78]

Daß diese Situation im Kontext der Erwägungen Speusipps *mutatis mutandis* Irritationen erzeugte, ist nicht verwunderlich. So legen spätere Autoren wie der Verfasser des anonymen Kommentars zum platonischen *Parmenides*[79] und der Neuplatoniker Damaskios Wert auf die Feststellung, daß man „Einheit" in Bezug auf Gott nicht so verstehen dürfe, wie das bei Speusipp geschehe, der mit „Einheit" den Begriff der Winzigkeit verband. Nun bergen beide Texte eine Reihe von Komplikationen.[80] Doch ist klar, daß Speusipp in der Sicht dieser beiden Kritiker darin angreifbar erscheint, daß er das Prinzip des Seienden als das Kleinste (*ἐλάχιστον*) ansieht und den Status Gottes damit verzeichnet. Diese Kritik spricht allerdings nicht zur Sache. Denn erstens identifiziert Speusipp das Prinzip des Seienden

---

76 Dieser Gedanke – R. M. Dancy taufte ihn „principle of alien causation" (Two Studies in the Early Academy [s. Anm 23], S. 98) – findet bei Jamblich, *DCMS* IV S. 15, 7–8 Ausdruck. Doch ist einmal mehr daran zu erinnern, daß der Gedanke bei diesem Autor mit neuplatonischen Überlegungen überformt ist; und wir sind vielleicht nicht immer in der Lage, die Demarkationslinien sauber zu ziehen.

77 *Wissenschaft der Logik* I/1 (1932), hrsg. v. F. Hogemann u. W. Jaeschke, Gesammelte Werke Bd. 21, S. 60.14–16.

78 *Wissenschaft der Logik* I/1 (1932) S. 69, 11 und 24. Siehe A. Graeser, „Bemerkungen zur Beschreibung des Anfangenden in Hegels Logik" [1985], in ders.: Studien zu Spinoza, Herder, Hölderlin und Hegel, Sankt Augustin 1999, S. 107–119, bes. 110.

79 Die Studien von Gerald Bechtle, The Anonymous Commentary on Plato's *Parmenides*, Stuttgart u. Wien 1999 (= Berner Reihe philosophischer Studien Bd. 22) sprechen für eine Vor-Datierung dieses Textes, nämlich in die Zeit vor Plotin. – Ich halte diese These für richtig, doch spielt dieser Punkt für das hier relevante Problem wohl keine Rolle.

80 Dazu siehe wiederum Gerald Bechtle, „Speusippus and the Anonymous Commentary on the *Parmenides*: How can there be a Minimum?" (im Erscheinen).

nicht mit Gott und zweitens könnte Gott im Sinne einer neuplatonischen Konzeption als Gebilde jenseits vom Sein in seinen Augen nicht als Prinzip fungieren (s. o.). Doch wird aus der Kritik auch deutlich – und dieser Punkt ist für die Einschätzung der Interpretation von einigem Interesse –, daß Speusipps Konzeption der *Monas* als Prinzip des (ersten) Seienden mit dem Begriff eines unteilbaren Minimum verbunden wurde.[81] Diese Auffassung provoziert freilich das Problem, wie diese Art von Einheit inmitten der Restriktionen des Gedankens der fremden Verursachung einerseits und der Forderung der Immanenz des Prinzips andererseits als Gebilde zwischen Nicht-Sein und Sein begreiflich gemacht werden könnte.

5.

Dieses Problem wurde von Platon erkannt und als solches auch thematisiert. Dies geschah zu Beginn des zweiten Teils des Dialoges *Parmenides*. Dabei zeigte Platon, daß die Konzeption einer eigenschaftslosen Einheit zu wenig bietet und die Konzeption einer Einheit mit wenigstens einer Eigenschaft bereits über das Ziel hinausschießen müßte. Die eine Argumentation kann uns vor Augen führen, daß der Gedanke der fremden Verursachung zumindest im Kontext der Betrachtung der *Monas* als Prinzip des Seienden unverständlich anmuten muß. Die andere Argumentation demonstriert, daß die Forderung der Immanenz des Prinzips im Falle der Betrachtung der *Monas* als Prinzip des ersten Seienden bereits kontraintuitive Resultate zeitigt, sofern die Existenz der *Monas* die Existenz von Zahl voraussetzt. Damit wäre also die Existenz dessen vorauszusetzen, was erst erklärt werden muß! Genauer betrachtet scheint die Kritik noch ein Stück weiter zu gehen. Denn was wir in der zweiten Deduktion gewinnen, ist ein Eines, das sich als unbegrenzte Vielheit (ἄπειρον πλῆθος, 144a5–6) entpuppt. Nehmen wir diesen Punkt ernst, so hätten wir es hier mit einem Spezimen proto-hegelianischer Dialektik zu tun! Wir *meinen*, Einheit gewonnen zu haben, und *haben* nur *de facto* Vielheit. Doch hätte diese Kritik, wenn sie denn auf Speusipp bezogen werden dürfte, einen sehr überraschenden Aspekt. Denn Platon würde damit die Substanz der Prinzipien-Kritik Speusipps gegen diesen selbst wenden: Speusipp moniert, daß

81 Derartige Charakterisierungen finden sich auch in Berichten bei Aristoteles; siehe *Metaph.* 1056b4–6, 1087b30–33.

Einheit (verstanden als überseiendes Gebilde) kein Prinzip sein könne und in Folge dessen ein anderes Prinzip bzw. Element benötigt werde, das dann freilich sämtliche Arbeit zu leisten hätte und insofern keine Arbeit leisten könnte; und nun stellt sich heraus, daß Speusipp um keinen Deut besser fahren würde: seine Konzeption von Einheit ist entweder leer (Deduktion I) oder nicht-leer (Deduktion II). Im einen Fall ist das Eine unbrauchbar, im anderen kein Eines, sondern in Wahrheit Vielheit.

Platons Attacke ist bemerkenswert und ebenso brillant wie philosophisch relevant. – Natürlich steht und fällt die Argumentation mit Annahmen bestimmter Art. Im Falle der ersten Deduktion ist dies die Unterstellung, daß alles Sein sein *in* der Zeit ist (vgl. 141e9–10, 151e6–152a2). Diese Auffassung wäre zwar mit der Position verträglich, die der historische Parmenides vertrat (VS 28 B 8,5). Ob sie von Speusipp vertreten wurde oder vertreten werden müßte, ist alles andere als klar. Im Falle der zweiten Deduktion handelt es sich um die Unterstellung, daß Einheit im hier relevanten Sinn als Zusammensetzung von Einheit und Existenz anzusehen sei (142d1–5). Diese Auffassung ist sicher problematisch. Doch bewegen wir uns im Rahmen einer Betrachtung, für die „sein" als reales Prädikat gilt; und mehr noch müßte Speusipp ja die Frage für berechtigt halten, was eine Entität aufweisen sollte, die existiert.

Insofern wäre Platons Frage 'was macht den Unterschied zwischen einer nicht-existierenden *Monas* und einer existierenden *Monas*?' keineswegs deplaziert. Dies müßte umso mehr gelten, falls Speusipp den Prozeß des Werdens in Begriffen von Addition verstanden haben sollte.[82] In diesem Fall wäre Existenz bzw. Sein etwas, was zu etwas anderem hinzutritt. Doch steht die Frage natürlich auch für den Fall im Raum, daß Speusipp Werden in Begriffen einer Fluxations-Theorie erklärt wissen wollte.[83] Diese Punkte bedürfen sicher weiterer Klärung. Dies gilt zumal im Blick auf das Unterfangen in der Deduktion II A,[84] wo Platon die Frage aufwirft, wie Wandel unter solchen Bedingungen der Konzeptualisierung wie denen

82 Für diese Auffassung argumentiert A. Metry, Speusippos. Zahl–Erkenntnis–Sein (s. Anm. 28), S. 81–89.

83 Dies ist die Meinung, die insbesondere von L. Tarán (Speusippus of Athens [s. Anm. 26], S. 56 u. ö.) und H. F. Cherniss vertreten wird: Aristotle's Criticism of Plato and the Academy, Baltimore 1944, S. 396–397 Anm. 322 speziell im Blick auf Aristoteles, *De Anima* 408b32–409b18.

84 Mit dieser Bezeichnung orientiere ich mich an F. M. Cornfords Gliederung, die weithin akzeptiert wird.

in I und II überhaupt begriffen werden könnte und welche Annahmen damit im Raum stünden.

6.

Fassen wir zusammen: Speusipp kritisierte nicht nur den Ideen-Ansatz; er kritisierte auch Platons Version einer besonderen Prinzipienlehre, d. h. die Annahme bestimmter Entitäten noch *über* und *vor* jenen Entitäten, die hierarchisch betrachtet an der Spitze bzw. am Anfang der Realität stehen. Dabei ließ sich Speusipp von zwei Erwägungen leiten, – dem Gedanken der fremden Verursachung einerseits und der Forderung der Immanenz des Prinzips zum Prinzipierten. Platon seinerseits zeigte, daß Speusipp mit diesen Erwägungen zumindest an einer Stelle seines Systems in ernsthafte Schwierigkeiten gerät. Wie immer man sich hier entscheiden will, – klar ist, daß die Prinzipien-Spekulation innerhalb der älteren Akademie keineswegs als monolithische Sache angesehen werden darf; und klar ist ferner, daß Platons Neffe und Nachfolger in der Schule nicht als Proto-Neuplatoniker und die Texte des hier zur Diskussion stehenden Dialogs *Parmenides* nicht als Dokumente irgendeiner Platonischen Dogmatik gelten dürfen.

XI. 155e4–157b5: Deduktion II A

1.

Der Anhang zur zweiten Deduktion – die meisten Autorinnen und Autoren sprechen im Anschluß an F. M. Cornfords Zählung von ‘Deduktion II A’ – ist einer Komplikation gewidmet, nämlich der Frage ‘Wie ist Umschlag [μεταβολή] eigentlich möglich?’ bzw. ‘Worin schlägt das Eine um?’ (156d2–3). Da der hier relevante Terminus τὸ ἐξαίφνης an anderen Stellen seiner Verwendung mystische oder quasi-mystische Konnotationen nahezulegen scheint (*Symposion* 210e, *VII. Brief* 341d),[85] haben Interpretinnen und Interpreten die hier verhandelte Thematik gelegentlich systematisch verkürzt und verzeichnet. Insbesondere entging ihnen, daß Platon hier nicht in eigener Sache spricht, sondern eine Problematik darlegt, die mit bestimmten Annahmen pythagoräischer Realitätsentfaltung auftritt: Wie hätte man sich den Übergang von *Monas* zu Zahl, von Punkt zu Linie, von Linie zu Fläche usw. vorzustellen. Welche Voraussetzung sind in Annahmen dieser Art involviert, welche nicht?

2.

Nun ist das Verständnis der Deduktion II A von einer Schwierigkeit belastet. Diese betrifft die Einordnung des Textes 155e4–157b5. Handelt es sich (A) um eine Synthese von Elementen der Deduktionen I und II? Oder geht es (B) um eine Kommentierung von Aspekten nur der zweiten Deduktion? Das erste Verständnis (A) scheint sich insofern anzubieten, als der Passus 155e4–5 eine Orientierung an beiden Deduktionen nahelegt. Die Exposition der Resultate bzw. des Bisherigen („eines und vieles sowie weder eines noch vieles", 155a5) enthält einen klaren Hinweis auf das Resultat der ersten Deduktion. Diese Festlegung läßt sich wohl nur so vermeiden, daß man das 'und' (καί) in a5 explikativ deutet. In diesem Sinn wäre also nur die erste Feststellung ('eines und vieles') erläutert.[86]

Gegen (A) und für das alternative Verständnis (B) scheint zu sprechen, (i) daß mit (A) ein Resultat berücksichtigt würde, das gemäß 142a6–8 unglaubhaft ist, (ii) daß die Substanz der Argumentation in II A – das ist die Annahme eines Wandels und die Erklärung der Möglichkeit desselben – auf das Eine der zweiten Deduktion bezogen, d. h. auf etwas, was in der Zeit ist, jedoch mit unzeitlichen Phasen ausgestattet wird; dazu paßt (iii), daß gemäß der Lesart (A) in 155a5–8 ein expliziter Hinweis auf 'nicht in der Zeit sein' vermißt werden müßte. Gemäß (B) wäre diese Auslassung eher tolerabel. Doch bleibt (iii) problematisch. Denn es ist kaum einsichtig, weshalb 155a5–6 dann einen Hinweis auf das Resultat der ersten Beweis-

85 Ich teile diese Meinung nicht und verweise auf die common sense-Auslegung bei K. v. Fritz, „The Philosophical Passage in the *Seventh Letter* and the Problem of Plato's Esoteric Philosophy", in: ders., Schriften zur griechischen Logik, Bd. 1, Stuttgart 1978 (= Problemata Bd. 70), S. 175–214, bes. S. 192.

86 Dieses Verständnis wurde von M. Miller vorgeschlagen: Plato's *Parmenides* S. 251.

führung enthält und nur den Gesichtspunkt „ist nicht in der Zeit“ ausblendet.

Dieser Punkt ist insofern auffällig, als nicht nur in der ersten, sondern auch in der zweiten Deduktion (151e6–152a2) angenommen wurde, Sein bedeute/involviere Teilhabe an der Zeit. Nun lautet die Kontraposition zu dieser These 'Nicht-Teilhabe an Zeit involviert Nicht-Sein'. Genau dieser Sachverhalt wird jedoch ignoriert. Genauer gesagt, er wird außer Kraft gesetzt. Denn in 157a7 haben wir die These „weder ist es dann, noch ist es nicht“. Hier wird das Prinzip des ausgeschlossenen Dritten verletzt, das vorher, nämlich 156c6–7, den Schluß stützte, daß es keine Zeit geben könne, zu der sich ein Gegenstand nicht entweder im Zustand der Ruhe oder aber im Zustand der Bewegung befinde. Dabei handelt es sich hier um genau jene Überlegung, die etablieren soll, daß ein Umschlag von Ruhe zu Bewegung nicht in der Zeit stattfinden könne, sondern nur (?) in einem unzeitlichen Augenblick; und es ist diese Überlegung, die etablieren müßte, daß das Eine kraft seiner Nicht-Teilhabe an Zeit nicht ist – und nicht etwa weder ist noch nicht ist (vgl. 157a3).

3.

Damit wird deutlich, daß sich die Ausgangsfrage, nämlich die Wahl zwischen (A) und (B) kaum zufriedenstellend beantworten läßt. Doch fällt dieser Punkt – so zentral er in grundsätzlicher Hinsicht sonst auch sein mag – für den thematischen Zusammenhang vielleicht nicht einmal ins Gewicht. Denn die Argumentation zugunsten eines spezifischen unzeitlichen Moments beruht auf einer Annahme, die selbst gemäß (B)-interner Maßstäbe so nicht getroffen werden dürfte.

Nun mag man den Stein des Anstoßes unterschiedlich bewerten. Man mag ihn Platon selber anlasten oder dem literarischen Parmenides, – man kann ihn aber auch zu ignorieren versuchen und argumentieren, es komme letztlich darauf an zu sehen, was in und mit der Argumentation eigentlich erreicht werden soll und weshalb. Nehmen wir diese Erwägungen ernst, so bieten sich drei Ansätze an: (i) Einer steht im Dienst der Aufgabe, die in Rede stehende Auffassung als Teil der Überzeugungen Platons zu erweisen; (ii) ein anderer nimmt auf die literarische Funktion der Figur des Parmenides Rücksicht und dient dazu, dessen These oder Gedanken zu eruieren; (iii) ein dritter dient der Aufgabe, die in Rede stehende Auffassung als Präsupposition anzusehen, die Platons Meinung nach im Spiel ist, wenn wir von Einheit so denken, wie dies im Rahmen der zweiten Deduktion exemplifiziert wurde.

(i) scheidet deshalb aus, weil die These 'Sein involviert Sein in der Zeit bzw. Teilhabe an Zeit' nicht platonisch sein kann (vgl. *Timaios* 37e–38b) und auch die Anwendung von '... ist ...' auf Dinge in der Welt zumindest in der Perspektive der Ideenphilosophie technisch gesehen unzulässig wäre.[87] (ii) erlaubt die Antwort, daß Parmenides *in statu nascendi* seines Denkens u. a. auch die Frage prüft, was eine atomistische Zeit-Auffassung mit sich bringen bzw. erfordern müßte; (iii) konfrontiert uns mit der Überlegung, daß Speusipps Vorstellung der Generierung z. B. von Linien aus Punkten das Problem birgt, den Wandel vom einen zum anderen als Geschehen eigener Art begreiflich zu machen. Die Stränge (ii) und (iii) laufen parallel. Denn in beiden Fällen werden wir mit einem Befund konfrontiert, der sich als *reductio* deuten läßt. Um zu verstehen, ob und wie (ii) und (iii) miteinander harmonisiert werden können, ist es wichtig zu sehen, daß der Augenblick hier im *Parmenides* auf dreifache Weise charakterisiert wird: (a) er ist dasjenige, in welchem der Umschlag stattfindet (156d1–2, e1); (b) er ist dasjenige, wovon aus der Umschlag stattfindet (156d4); (c) er ist nicht in der Zeit bzw. ist in keiner Zeit (e6, vgl. c9–d1, c1–2).[88]

Betrachten wir diese Charakterisierung vor dem Hintergrund der zweiten Interpretationsebene (ii), so bietet sich folgende Überlegung an: Einen Umschlag annehmen, heißt behaupten, daß ein Gegenstand, der von *F* zu *G* wird, im Augenblick weder *F* noch *G* (157a2–3) sei. Diese Behauptung steht im Widerspruch zum Satz vom ausgeschlossenen Dritten und kollidiert zumal auch mit Parmenides' eigener Krisis (VS 28 B 8,2). Das dürfte für die Annahme sprechen, daß Parmenides eine derartige Auffassung nicht nur nicht als Teil seiner eigenen Position erwägt bzw. vertritt, sondern auch nicht vor dem Hintergrund seines eigenen Denkens gegen andere Positionen geltend machen kann. Mithin bietet sich die Vorstellung an, daß Parmenides (in der literarischen Fiktion Platons) *in statu*

87 Vgl. meine Studie „Über den Sinn von Sein bei Platon", in: Museum Helveticum 39 (1982) S. 29–42.

88 F. M. Cornford sagt mit Bezug auf 156c1–2 [‚nicht in irgendeiner Zeit']: "It cannot mean that it is altogether outside time and dateless. It must *metechein chronou*. But at the instant of transition it does not occupy or fill any stretch of time" (Plato and Parmenides S. 200 Anm. 1). Ich denke, daß diese Erwägung nicht wirklich beschreibt, was im Text gesagt wird. Der Autor geht offenbar davon aus, daß '*x* ist in der Zeit' und '*x* hat Teil an Zeit' nicht äquivalent seien. Dafür gibt es jedoch keinen Anhaltspunkt.

nascendi seines eigenen philosophischen Denkens, die Annahmen pythagoräischer Raum- und Zeit-Atomistik prüft und dabei zu dem Befund gelangt, daß der Wechsel von einer Zuständlichkeit zu einer anderen für diese Annahmen spezielle Probleme bringen müßte: Da ist auf der einen Seite die Überzeugung, daß es kleinste, ihrerseits unteilbare Teile der Zeit gibt; und da ist auf der anderen Seite die Notwendigkeit der Existenz von noch kleineren Träger-Teilen bzw. Einheiten, die faktisch keine Teile der Zeit sein könnten und deshalb zwischen den Zeitatomen liegen müßten. Diese Situation dürfte für Parmenides nicht einsichtig gewesen sein und ihn zur Aufgabe der atomistischen Position bestimmt haben.

Beurteilen wir die Situation nun vor dem Hintergrund der in (iii) angesprochenen Interpretationslinie, so liegen die Dinge analog. Die Annahme der Existenz von Zeitminima spielte in und außerhalb der Akademie eine wichtige Rolle, wobei Xenokrates, Diodoros Kronos und Epikur diesbezüglich als Exponenten gelten. Daß in diesem Kontext auch Speusipp in Betracht zu ziehen wäre, ist denkbar. Dies gilt umso mehr, wenn Aristoteles' Bemerkung „... denn das Jetzt ist wie der Punkt in der Linie" (*De Caelo* III 1, 300 a 15) als Anspielung auf Speusipp gelesen werden darf. Doch gibt es Komplikationen. Erstens ist nicht sicher, daß Speusipp keine Fluxationstheorie vertrat. Zweitens ist zu bedenken, daß Speusipp zumindest im Blick auf mathematische Gegenstände nicht von 'Entstehen' und 'Vergehen' im eigentlichen Sinn sprach[89] und Zeit an die Existenz von Bewegung geknüpft wissen wollte. Insofern ist vielleicht nicht klar, wie anfällig seine Position für eine Kritik oben beschriebener Art tatsächlich war. Doch ist anzunehmen, daß die Erklärung der Linie aus dem Punkt, die der Fläche aus der Linie und die Erklärung dreidimensionaler Größen aus der Fläche usw. zumal im Kontext der Rede von Weltentstehung analoge Fragen provozierte: Solange der Punkt Punkt ist, ist er keine Linie; sobald er Linie ist, ist er kein Punkt mehr usw. Welche Prozesse wären hier anzunehmen? Und welche Annahmen würden damit im Raum stehen?

4.

Nun erfährt diese Fragestellung ja eine markante Verschärfung. Nach allem, was wir über Speusipps ontologische Grundannahmen wissen, ist

89 Siehe *F* 72 (Tarán). Siehe zur Aristoteles-Stelle auch H. Krämer, Platonismus und Hellenistische Philosophie, Berlin u. New York 1983, S. 351.

anzunehmen, daß (i) Einheit für sich genommen nicht einmal Existenz zugeschrieben werden kann und (ii) Existenz erst auf dem Niveau der Zahlen zur Geltung kommt. Dies bedeutet, daß die *Monas* als (ein) Prinzip von Zahl eine Zwitterstellung hat. Der eine Gedanke (i) fügt sich zu der Überlegung, die in der ersten Ableitung des Parmenides expliziert wird; der andere Gedanke (ii) bietet den Ausgangspunkt der zweiten Ableitung. Dabei wurde deutlich, daß die Annahme der Realität von Einheit im relevanten Sinn keinen begrifflichen Halt bietet und zwischen den Fingern zerrinnen muß. Zumindest *als* Prinzip und immanenter Ausgangspunkt betrachtet ist Einheit kein Gebilde, mit dem wir Terrain gewinnen könnten. Demgegenüber legte die zweite Deduktion nahe, daß wir mit der Annahme von Einheit als Realität bereits zu viel Boden gutgemacht hätten. Denn die Annahme von Einheit als Gebilde dieser Art bedeutet die Annahme eines komplexen Gebildes und nötigt uns zur Annahme der Existenz von Zahl (144a4); und diese Annahme – genauer gesagt die Präsupposition, die im Raume steht – signalisiert einen Widerspruch zu Speusipps Konzeption von Einheit als Prinzip der Zahl.

Doch abgesehen von diesen und anderen Diskrepanzen, die die Konzeption von Einheit angehen, stellt sich die Frage, (a) wie aus dem nichtseienden Einen ein seiendes Eines 'werden' könnte und (b) wie das seiende Eine seinerseits nun eine Entwicklung zu anderen Größen nehmen mag. Die eine Frage (a) verweist uns auf die eingangs angesprochene Problematik des Zusammenhangs zwischen der Deduktion II A einerseits und der ersten bzw. zweiten Deduktion andererseits. Zumindest die Vorstellung, daß Einheit Sein gewinnt oder Anteil an Seiendheit nimmt (155e7, 156a4 u. a.), würde eine Situation angehen, die gewissermaßen zwischen beiden Zuständen liegen müßte und von daher gesehen eine Erklärung fordert. Allerdings scheinen die Erwägungen im Text den hier relevanten Fall nicht ausdrücklich vorzusehen, und von daher betrachtet bleiben die eingangs geäußerten Zweifel bezüglich des tatsächlichen Zusammenhangs (A) wohl intakt.

Dessen ungeachtet ist festzuhalten, daß die Annahme solcher Gebilde, wie es der Augenblick (τὸ ἐξαίφνης) sein mag, nicht als Teil einer platonischen Systematik gelten kann. Bekanntlich parallelisiert Simplicus (*In Phys.* 982,2) das aristotelische 'Jetzt' (τὸ νῦν) mit dem platonischen 'Augenblick'. Daß diese Gleichsetzung zulässig ist, ist allerdings zweifelhaft. Dem steht schon entgegen, daß Platons eigene Auffassung von Zeit nirgendwo klar hervortritt. Skeptisch stimmt dann aber vor allem die Erwägung, daß die Argumentation als Teil einer Kritik oder gar als Bestandteil einer *reductio* gegen Speusipp wie schon im Fall der anti-pythagoräischen Erwägung des literarischen Parmenides nur dann voll zur Sache sprechen könnte, wenn sich Speusipp seinerseits von atomistischen Vorstellungen bezüglich Raum und Zeit leiten ließ. Die Zeugnisse legen dies nicht nahe. Außerdem war Speusipp nicht der Meinung, daß es im Bereich ewiger Dinge so etwas wie Werden und Vergehen gibt. Nur ist damit das Problem nicht vom Tisch. Denn in dem Moment, da Speusipp, wie Aristoteles berichtet (*Metaph.* 1090b13–21), zugesteht, daß gewisse Entitäten andere Entitäten voraussetzen, stellt sich die Frage nach der Art des Bedingungsverhältnisses; und Speusipp wäre gehalten zu sagen, wie man die Existenz ersterer Gebilde in Begriffen der Existenz letzterer erklären könnte. So wäre es eine Sache, z. B. die Linie, wie Speusipp es tat, auf den Punkt verstanden als 'Monas in einer bestimmten Lage' zurückzuführen, eine andere, die Linie, wie Platon es tat – er hielt den Punkt für eine Erfindung der Geometer (*Metaph.* 992a20–22) – aus einer unteilbaren Linie herzugewinnen. Sofern Speusipps Auffassung anders als die Auffassungen Platons und Xenokrates' mit der Annahme eines je besonderen Status der jeweiligen Prinzipien und Ausgangspunkte verbunden war, stellt sich die Frage, wie eine Substanz zu einer anderen wird.

An dieser Stelle empfiehlt sich ein Blick auf jene Passage in Platons *Nomoi* X, wo Werden bzw. Entstehen (γένεσις) in Begriffen eines Ursprungs (ἀρχή) analysiert wird, welcher einen Zuwachs nimmt (αὔξη) und so in einen zweiten Übergang gelangt und danach zu einem weiteren und dann allmählich sichtbar wird: „Auf diese Weise umschlagend und bewegt werdend wird alles. Es ist wirklich seiend, solange es verharrt. Umschlagend in einen anderen Zustand (ἕξις) wird es jedoch ganz und gar zerstört" (894a1–8, bes. 5–8).[90] Nun entzieht sich unserer Kenntnis, wann Platon diese Meinung artikulierte. Insbesondere können wir nicht wissen, ob ihm diese Sequenz von Dimensionen (Punkt, Linie, Fläche, Körper) bereits im Zusammenhang seiner Arbeit am *Parmenides* in dieser Form vor Augen stand. Doch sind die Berührungen mit der Problematik im *Parmenides* zu offenkundig und die sachliche Nähe zu Speusipps Konstruktion dimensio-

---

90 Diese Stelle wird von F. M. Cornford, Plato und Parmenides S. 198–199 zur Erklärung von Deduktion II A herangezogen. H. A. S. Tarrant, „Speusippus' Ontological Classification", in: Phronesis 19 (1974) S. 145 [Appendix: ‚Speusippus in the Laws'] vertritt die Auffassung, daß Platons Arbeit an einer neuen Theorie der Dimensionen von Speusipp beeinflußt worden sei.

naler Gebilde zu auffällig, als daß der Zusammenhang außer Betracht bleiben dürfte. Instruktiv ist namentlich die Implikation, daß Übergänge auf dem Niveau von substanziellen Gebilden eine komplexe Struktur von Sein/Nicht-Sein – Nicht-Sein/Sein involvieren. Denn diese Struktur bestimmt auch die Analyse der entsprechenden Konstellation im *Parmenides*.

Hier nun fügt sich die These vom Augenblick als Teil einer Erklärung der Möglichkeit von Wandel gut ins Bild. So mag Platon seinem Neffen entgegengehalten haben: Die Annahme von Veränderung würde vor dem Hintergrund zenonischer Auffassungen atomarer Raum- und Zeitpunkte *ipso facto* die Annahme quasi sub-atomarer Punkte erfordern. Seine Auffassung der Konstruktion von Realität ist von jener der älteren Pythagoräer nicht grundsätzlich verschieden. Also gilt auch hier die zenonische Bedingung, dergestalt, daß atomare Zeitpunkte angenommen werden müssen. Wenn diese Bedingung gilt, so würde die Annahme substanziellen Wandels ihrerseits die Annahme der Existenz von Zwischen-Momenten besonderer Art erfordern. Da diese Annahme jedoch absurd, oder zumindest unglaubwürdig, ist, so ist es auch (nach *modus tollens*) die Ausgangsannahme.

So betrachtet würde uns die Deduktion II A mit einer *reductio ad absurdum* versehen. Diese Lesart hätte einige Vorteile: Erstens würde sie Platon vor dem Vorwurf bewahren, eine Auffassung vertreten zu haben, die vor dem Hintergrund der massiven logischen Fehler (s. 2) ohnehin keinen Bestand hätte. Zweitens könnte sie – in der literarischen Fiktion Platons – begreiflich machen, weshalb der historische Parmenides schließlich für das philosophisch vergleichsweise sparsame und einfache Dogma „denn es ist jetzt ganz und gar“ votierte (VS 28 B 8,5); und drittens konfrontiert sie Speusipp und dessen Parteigänger mit der Aufgabe, Position(en) neu zu bedenken.

XII. Exkurs: Der Umschlag. Ein Reflex bei Hegel

Daß Hegel vom Platonischen *Parmenides* beeinflußt wurde und sein Verständnis dieses Dialoges wiederum auf das Problembewußtsein späterer Autoren zurückschlug, ist bekannt. Gleichwohl ist es angebracht, einen

Punkt herauszustellen, der die *Parmenides*-Rezeption Hegels besonders deutlich werden läßt.[91]

Zu Beginn seiner *Wissenschaft der Logik* entwickelt Hegel die Sequenz *Sein, Nichts, Werden.*[92] Dabei beruht die Genese des *Nichts* darauf, daß im Sein „nichts [...] anzuschauen ist."[93] Entsprechend gilt: „Nichts anschauen oder denken hat also eine Bedeutung, beide werden unterschieden, so ist (existiert) Nichts in unserem Denken".[94] Dies bedeutet für die Konstellation selbst, „daß das Sein zu Nichts und das Nichts in Sein – nicht übergeht –, sondern übergegangen ist."[95] Dieses Übergegangensein ist eine Radikalisierung des bekannten Heraklitischen Motivs im Lichte von Platons Erörterung des Augenblicks als Quasi-Ort des Umschlags (*Parmenides* 156c6 ff.).

Der Übergang bzw. Wechsel von *Sein* zu *Nichts* ist jener Situation nachgebildet, die in der ersten Deduktion skizziert wird. Hier wie dort geht es um eine interne Diskrepanz dergestalt, daß sich das in Rede stehende Gebilde als das Gegenteil dessen erweist, was es in der Vermeinung ist.

XIII. 157b6–159b1/159b2–160b4: Deduktion III und Deduktion IV

1.

Verstehen wir die Erörterungen 157b6ff./159b2ff. als Untersuchung möglicher Beziehungen bzw. Abhängigkeiten zwischen dem Einen auf der

---

91 Vgl. u. a. R. Trienes, Das Problem der Dialektik in Platons *Parmenides* unter Berücksichtigung von Hegels Interpretation, Frankfurt a. M. [u. a.] 1989. – Detaillierte Hinweise auf Hegels Rezeption Platonischer Gedanken finden sich in der umfangreichen Monographie von J. Halfwassen, Hegel und der spätantike Neuplatonismus, Bonn 1999 (= Hegel-Studien. Beiheft 40).

92 Siehe dazu W. Wieland, „Bemerkungen zum Anfang von Hegels Logik", in: Seminar: Dialektik in der Philosophie Hegels, hrsg. v. R.–P. Hausmann, Frankfurt a. M. 1978, S. 194–212 und A. Graeser, „Bemerkungen zur Beschreibung des Anfangenden in Hegels Logik" (s. Anm. 78).

93 Gesammelte Werke Bd. 21 (s. Anm. 77), S. 69.4.

94 A. a. O., S. 69, 14–15.

95 A. a. O., S. 69, 24–26.

einen und den vom Einen verschiedenen Entitäten auf der anderen Seite, so ist klar, daß eine solche Untersuchung wenigstens zwei Ebenen angehen könnte. Da ist die zum Eleatismus führende Betrachtungsweise, wonach bestimmte Elemente logisch-ontologischer Natur miteinander zusammenhängen und so ein Geflecht von Gehalten bilden (VS 28 B 8 u. 4); und da ist die speusippische Annahme eines Begriffsholismus, wobei die Definition von *X* in Begriffen von *Y* die Definition von *Y* in Begriffen von *Z* erfordert und so letztlich alles mit allem zusammenhängt. Zieht man in Betracht, daß derartige Beziehungen im einen wie im anderen Fall konstitutiven Charakter haben sollen, so gilt es, deren Möglichkeit zu sondieren. In diesem Sinn eröffnen beide Argumentationen unterschiedliche Perspektiven. So besagt die dritte Deduktion, daß die Annahme der Existenz des Einen ein Verständnis der Anderen als Vielheiten mit sich bringe, während die vierte Deduktion dieses Verständnis ebenso in Abrede stellt wie jedes andere Verständnis.

2.

Daß dies so ist, ist auffällig. Beide Deduktionen rekurrieren nämlich auf einen Begriff von Einheit, der das Eine als teilloses Gebilde bestimmt (157c4 bzw. 159c5). Dies macht deutlich, daß jeweils nicht an die Auffassung von Einheit angeknüpft wird, die dem Gang der Deduktion II zugrunde lag, sondern an jene der Deduktion I,[96] die sich als leer und unbrauchbar entpuppen sollte. Doch heißt das nicht, daß uns beide Argumentationen mit einem entsprechend einheitlichen Verständnis des Ausdrucks ‘die Anderen’ versehen. Im einen Fall orientiert sich der Sinn von ‘ander(e)s sein als das Eine’ nämlich an der Bestimmung von Einheit *qua* teilloses Gebilde, im anderen entfällt diese Orientierung. Während die dritte Argumentation ein Verständnis von ‘die Anderen’ im Sinne von ‘Gebilde mit Teilen’ entwickelt, formiert sich in der vierten Argumentation ein Verständnis, das keinerlei begrifflichen Bezug zu Prädikaten aufweist, welche ihrerseits einen Begriff von Einheit involvieren müßten.[97] Dies

96 F. M. Cornford, Plato and Parmenides S. 205 scheint diesen Punkt nicht richtig einzuschätzen.

97 Mit Constance C. Meinwald, Plato’s *Parmenides* S. 131 ff. und anderen Interpreten ist festzuhalten, daß Deduktion III als Fall der Betrachtung ‘in Bezug auf Anderes’ (i. e. auf das Eine) und Deduktion IV entsprechend als Fall der Betrachtung ‘in Bezug auf sich

bringt mit sich, daß die Anderen in Deduktion III den Charakter des Einen der Deduktion II an den Tag legen, während die Anderen in Deduktion IV dem Einen der ersten Deduktion zu entsprechen scheinen. Doch steht und fällt die Argumentation im einen wie im anderen Fall mit bestimmten Annahmen, die das Unterfangen jeweils durchkreuzen müßten. Wo liegt das Problem?

3.

Im Falle der strikten Trennungsthese (χωρίς, 159c4) kommt der Gedanke zur Geltung, daß das Eine weder als Ganzes noch als Teil bzw. *in* Teilen im Anderen sein könne und somit das Andere in keiner Weise am Einen teilhabe (159c6–7).

Dieses Argument ist in mehrfacher Hinsicht auffällig. (i) Von Rechts wegen hätte es bereits im Kontext der dritten Argumentation Verwendung finden müssen. Denn von etwas sagen, es habe keine Teile, heißt dieser Betrachtungsweise nach unterstellen, es sei nicht teilhabbar. Dann allerdings wäre dem literarischen Parmenides der Weg zur Annahme von Teilhabeverhältnissen (157e3ff) *ipso facto* versperrt worden. (ii) Der literarische Parmenides nimmt hier Elemente jener Konzeption von Teilhabe in Anspruch, die im ersten Teil ad absurdum geführt wurde (s. III). (iii) Er rekurriert auf die Gleichsetzung von '*x* hat Teil an *F*-heit' und '*F*-heit ist in *x*'. Diese Gleichsetzung ist jedoch unstatthaft und Platonisch falsch (s. II). Damit wird deutlich, daß die Trennungs-These hier eine Gestalt erhält, die (vor dem Hintergrund Platonischer Auffassungen) keine Berechtigung hat. Ebenso klar ist, daß all jene Folgerungen gegenstandslos sind, die sich aus dem hier relevanten Verständnis der Trennungs-These ergeben. Insofern bietet diese Argumentation dialogintern betrachtet eine Antwort auf die Transzendenz-Problematik, die im Kontext der größten Aporie aufgeworfen wurde (s. VII). Daß eine solche Antwort von Platon ausdrücklich avisiert worden sein dürfte, könnte daraus hervorgehen, daß der Ausdruck χωρίς, der 133bff. operativ war, im zweiten Teil des Dialoges erst wieder hier, in der vierten Argumentation, Verwendung findet![98]

---

selbst' (und untereinander) anzusehen ist. Doch schafft dies im Fall der dritten Deduktion spezielle Probleme (s. u.).

98 Diesen Punkt betont auch R. G. Turnbull, The *Parmenides* and Plato's Late Philosophy (s. Anm. 51), S. 122.

Auch die dritte Argumentation birgt eine Reihe von Tücken. Der gravierendste Punkt ist sicher in der These enthalten, daß die Anderen vor ihrer Teilhabe am Einen (158a5ff.) grenzenlos waren und mithin ihrer eigenen Natur nach unbestimmt sind (d5–6, e2 u. ö.) Die These selbst ist zwar nicht absurd. Im Gegenteil, sie verdeutlicht jene seit Philolaos' Unterscheidung zwischen grenzebildenden und grenzelosen Faktoren virulente Form/Stoff-Problematik, die ja auch den Kern der Zwei-Prinzipien-Lehren Platons und Speusipps ausmacht. Insofern passen Überlegungen dieser Art auch in den Kontext von Untersuchungen, die die Möglichkeit der Konzeptualisierung grundlegender Faktoren sondieren. Nur dürfte der literarische Parmenides den Gedanken als solchen nicht in Anspruch nehmen. Denn in der dritten Argumentation steht die Thematisierung des Anderen bzw. der Anderen von vornherein unter der Spezifikation 'anderes sein als das Eine'; und da das Eine *ex hypothesi* teillos ist, ist das, was zum Bereich des Anderen gehört, *eo ipso* ein Gebilde mit Teilen.

Genauer gesagt, hätte sich Parmenides' Überlegung also innerhalb der Bahnen der 'in Bezug auf sich'-Betrachtung in der vierten Argumentation bewegen müssen. Doch wäre eine Plazierung dort wiederum witzlos. Denn die vierte Argumentation hätte auf Grund der radikalen Trennungsthese keine Möglichkeit eröffnet, vom Anderen als Vielem, Unbegrenztem usw. zu sprechen. Denn jede Bezugnahme dieser Art würde ja ihrerseits einen Bezug auf Einheit bzw. das Eine involvieren müssen. – So aber verstrickt sich der literarische Parmenides in eine massive Konfusion; und auch hier liegt die Annahme nahe, daß Platon diese Konfusion sehr bewußt inszenierte. Denn das Problem selbst hat exemplarischen Charakter. Wie von Einheit nicht unabhängig von Vielheit gesprochen werden kann und umgekehrt, so wirft auch die Frage nach der Natur der Prinzipien von Einheit und Vielheit – dies ist die Konstellation, die Speusipp interessierte – die Frage auf, wie sich derartige Faktoren angemessen konzeptualisieren lassen. Insofern bringt Platon hier, hinter dem Schleier literarischer Verstellungen und krude anmutender Ding-Metaphysik, eine Aporie zur Sprache, die ernsthaften philosophischen Charakter hat.

XIV. 160b5–163b6/163b7–164b4: Deduktion V und Deduktion VI

1.

Das nicht-seiende Eine der fünften Deduktion wird als Gegenstand von Prädikationen behandelt. Dies müßte nach 141e *ipso facto* Teilhabe am Sein (οὐσία) bedeuten. Aber diese Folgerung wird hier nicht gezogen und die Überlegung selbst taucht gar nicht erst auf. Vielmehr wird die Zuschreibung von Sein oder Existenz[99] 'erst' im Kontext von 161e vorgenommen, und zwar mittels einer Erklärung, die traditionell im Zusammenhang solcher Thesen wie 'Widerspruch ist unmöglich', 'es gibt keine falschen Sätze' Erwähnung findet. Dabei handelt es sich um den Gedanken, der in Proklos' Bericht über Antisthenes folgendermaßen lautet: „Denn der Sagende sagt etwas, wer aber etwas sagt, sagt das, was ist [τὸ ὄν]. Wer aber sagt, was ist, sagt die Wahrheit".[100] In den Platonischen Dialogen wird die hier relevante Position mit der Überzeugung in Verbindung gebracht, daß Nicht-Seiendes nicht gesagt werden könne, – eine Auffassung, die auf die einschlägige These des historischen Parmenides zurückweist. Im Dialog *Parmenides* wird die Behauptung eines notwendigen Zusammenhangs zwischen 'wahres sagen' und 'seiendes sagen' als bekannt vorausgesetzt und im Übrigen nicht einmal ansatzweise präzisiert. So wird auch nicht klar, ob mit 'seiendes sagen' etwa (i) das Bestehen eines Sachverhaltes, daß *p*, behauptet wird, (ii) das Existieren des in '*p*' erwähnten Gegenstandes der Aussage oder (iii) das Vorhandensein der an Prädikatstelle erwähnten Eigenschaft gemeint ist.[101]

2.

Nun stehen derartige Unterscheidungen in vorplatonischer Zeit ohnehin nicht als philosophische Optionen im Raum. Insofern mögen Vorbehalte dieser Art wenig fruchten. Dies gilt umsomehr, als Platon seinen literarischen Parmenides nicht einfach sagen läßt, das Eine habe an Sein teil.

---

99 Für moderne Begriffe wäre dieser Unterschied kruzial.

100 *F* 49 (F. Decleva Caizzi, Antisthenis Fragmenta, Mailand 1966).

101 Siehe dazu meine Erörterungen in „On Language, Thought and Reality in Ancient Greek Philosophy" (s. Anm. 10).

Was er ihn sagen läßt, ist, daß das Eine irgendwie *(πῃ)* am Sein teilhaben müsse (161e3). Diese Vagheit entspricht dem Problembewußtsein des literarischen Parmenides, der als junger Mann dem Entscheid zugunsten eines strikten Seinsmonismus entgegengeht. Sie entspricht im Übrigen aber auch dem soweit bekannten *status quaestionis*. Dies wird deutlich, wenn bedacht wird, daß Lösungen im Bereich von (iii) erst im *Sophistes* entwickelt werden.[102] Dort zeigt sich, daß 'seiendes sagen' im Kontext singulärer Aussagen, *Fa*, soviel bedeutet wie, daß Seiendes bezüglich *a* berichtet wird (263b3–4). Dabei dürfte es sich bei dem hier in Rede stehenden Seienden um so etwas wie eine Zuständlichkeit handeln, durch die *a* charakterisiert wird. Dieser Ansatz eröffnet die Möglichkeit, falsche Aussagen so zu deuten, daß an Prädikatstelle Seiendes genannt wird, jedoch solches, welches verschieden von dem Seienden ist, welches von *a* gilt bzw. auf *a* zutrifft. Diese Möglichkeit ist insofern relevant, als damit vermieden wird, daß existierende Dinge auf dem Wege der Zuschreibung von Nicht-Seiendem etwa in den eleatischen Abgrund des Nichts gerissen werden.[103]

3.

Doch stellt sich die Situation im *Parmenides* anders dar. Denn hier geht es um den Fall, daß nicht-existierende Gegenstände auf dem Wege wahrer Aussagen über sie gewissermaßen Existenz erlangen, ein Punkt, der auch in Gorgias' spezieller Beweisführung eine Rolle spielt: „Wenn nämlich Nichtsein Nichtsein ist, so dürfte das Nicht-Seiende um nichts weniger sein als das Seiende" (*MXG* 979a25 f.). Der eleatische Charakter des Sujets kommt auch in der Verwendung des Wortes „Band" (δεσμός) zum Ausdruck (162a4), das im Lehrgedicht des historischen Parmenides zum Zwecke der Markierung der Abgeschlossenheit und Vollendung des Seienden gebraucht wird (VS 28 B 8,31–32).[104]

102 Die Frage nach der genauen Natur der 'Lösung' ist in der philosophischen Forschung immer wieder aufs Neue kontrovers!

103 Dies betrifft typischerweise auch negierte Prädikate. Jedenfalls tendiert der Eleatismus dazu, von ~Fa auf ~(∃x) (a=x) zu schließen.

104 Die Entsprechung geht wohl noch weiter; denn in 162a6/b2 ist von vollständigem Sein die Rede bzw. von vollständigem Nichtsein.

Daß Platon eine relevante Problemstellung anspricht, ist unbestreitbar. Gerade das Problem negierter Existenzaussagen ('Pegasus existiert nicht') hat im 20. Jahrhundert eine überragende Rolle gespielt und das Bewußtsein für die Referenz-Problematik geschärft. Um wie viel brisanter war das Problem für jemanden wie Parmenides, der als erster die Frage aufwirft, was es heißt zu sein. Insofern sind die verschlungenen Gedanken der fünften Argumentation keineswegs nur Spezimina sophistischer Parodien. Im Gegenteil, wenn die Übung (γυμνασία) in der literarischen Fiktion Platons jene Art von Gedanken nachzeichnen soll, die Parmenides' Position eines strikten Seinsmonismus als philosophisch nachvollziehbar deutlich machen können, so gewinnen die Dinge hier einen ernsthaften Charakter: Die Unterscheidung zwischen Sein und Nicht-Sein generiert Probleme besonderer Art. Auf sie wurde 'später' mit dem Hinweis auf den sog. dritten Weg Bezug genommen, d. h. auf die Betrachtungsweise jener, die Sein und Nicht-Sein unterscheiden und doch nicht unterscheiden (VS 28 B 6,8–9).

4.

Nun handelt es sich hier in den Augen Platons um ein Problem mit geradezu akutem Charakter, nämlich um das Problem Speusipps, zeigen zu müssen, wie Einheit bzw. das Eine innerhalb einer Ontologie wie der seinigen als Größe eigener Art begrifflich verfügbar werden kann, wenn man von der Annahme auszugehen hätte, daß es selber nicht existierte oder nicht vollgültig ist. – Offenbar führt dieses Unterfangen im Rahmen der fünften Argumentation zu unliebsamen Konsequenzen.

5.

Will man diesen Konsequenzen aus dem Wege gehen, so bietet sich vielleicht eine Verschärfung der Anwendungsbedingung von 'ist nicht' an (163c6–7). Doch mündet diese Verschärfung unversehens in die Auffassung des 'ist nicht' als Zeichen der absoluten Negation, mit dem Resultat, daß sich das nicht-seiende Eine nach der Art des Eleatischen Nichts buchstäblich verflüchtigt (169e) und jeder Form von Referenz und Klassifikation vollends entzieht (vgl. VS 28 B 2,7–8).

In diesem Sinn verkörpert die sechste Argumentation im Kern jene Einsicht, die Parmenides in der literarischen Fiktion Platons zu dem Befund führte, daß Negationen überhaupt letztlich undurchdringlich seien. Zugleich wird deutlich, daß jemand wie Speusipp, der das Eine (*qua* Prinzip der Zahl) ja als u. a. ortlose *Monas* aufgefaßt wissen wollte, Gefahr läuft, von einem Einen sprechen zu müssen, das im strikten Sinne seiner Voraussetzungen keine eigentliche Rolle spielen könnte.

XV. 164b5–165e1/165e2–166c5: Deduktion VII und Deduktion VIII

1.

Die Diskussion der Folgen der Nicht-Existenz des Einen für die Anderen steht unter der Voraussetzung, daß das Andere existiere und zwar – dieser Punkt kam bereits in der vierten Deduktion zur Geltung – logisch-ontologisch unabhängig vom Einen (164c4). Neu im Spiel ist allerdings die Behauptung, daß das Anderssein der in Rede stehenden Gebilde darin gründe, daß die Dinge untereinander verschieden seien. Diese Erwägung ist offensichtlich kritikwürdig. Generell gesehen reproduziert sie jenen Gedanken, der bereits in der dritten Deduktion zum Zuge kam (158a5ff.), nämlich, daß sich die Anderen (*erst*) in Kontradistinktion zum Einen einführen[105] und (*dann*) als unabhängige Gebilde spezifizieren lassen. Spezieller betrachtet würde die Diskrimination verschiedener Dinge (i. e. Anderer) die Geltung von Prädikaten voraussetzen, die einen Bezug auf Einheit involvieren. In diesem Sinn legt dann die achte Argumentation fest, daß Identität und Differenz Einheit voraussetzen (166b4–5); dieselbe Bedingung wurde bereits im Kontext der scharfen Trennungs-These von Deduktion IV statuiert (160a4).

Nun ergibt sich eine Folge-Überlegung. Diese betrifft die Frage, mit welchem Recht im Folgenden Termini wie ‘Vielheit’ bzw. ‘Menge’ (πλῆθος, 164c7) und ‘unbegrenzt’ (d1) Verwendung finden dürfen. Die Begründung „als Menge genommen wird also jedes gegenüber dem

105 Vgl. 164b6.

Übrigen anders sein. Denn als Eins genommen kann es nicht, wenn es kein Eins gibt" (c7–8) ist nicht zulässig. Nicht weniger unplausibel mutet die Selbstverständlichkeit an, mit der der Begriff der Masse (ὄγκος) eingeführt wird bzw. philosophische Arbeit leistet. Hier wie dort *ist* ein Bezug auf Einheit gegeben. M. a. W.: wer immer das passive Prinzip als Gebilde in eigenem Recht bestimmen will, muß wissen, daß dieser Betrachtungsmöglichkeit frühe Grenzen gesetzt sind.

2.

Wie der entsprechende Gedankengang der vierten Argumentation operiert die radikale Trennungsannahme der achten Argumentation mit der These, daß das Eine nicht *in* den Anderen sei (165e7). Anders als im Falle der vierten Deduktion bedarf es hier *ex hypothesi* keiner Zusatzangaben wie 'weder als Ganzes noch in Teilen'. Doch ist die These, was die Formulierung angeht, Platonisch gesehen, unhaltbar (s. II). Nur heißt das nicht, daß die Problemstellung als solche irrelevant wäre. Denn sowohl der Pythagoräismus mit seiner Annahme, daß Zahlen *in* den Dingen seien bzw. diese aus Zahlen bestehen, wie auch Speusipp mit seiner mathematischen Konstruktion der Wirklichkeit sind mit der Frage konfrontiert, ob und wie bei der Beschreibung des Anderen in Begriffen des Einen, die Nicht-Existenz des Einen ins Gewicht falle. Indem gezeigt wird, daß sämtliche Prädikate, die als mögliche Charakterisierungen des Anderen in Betracht kommen, Einheit voraussetzen, stellt sich heraus, daß Einheit als schlechthin fundamentaler Begriff zu gelten hat, und zwar in ontologischer ebenso wie auch in epistemologischer Hinsicht.

3.

Dies wirft die Frage auf, weshalb Platon zu den beiden letzten Argumentationen einen Unterschied zwischen Wirklichkeit und Erscheinung thematisch werden läßt, der im Verlaufe der Erörterungen des zweiten Teils bislang keine Rolle spielte und an keiner Stelle ins Gewicht gefallen wäre. Weshalb also brachte Platon diese Unterscheidung zur Sprache? Und weshalb werden die Konsequenzen bezüglich der Anderen nun in Begriffen des Seins *und* des Scheinens artikuliert (vgl. Gorgias, VS 11 B 26)?

Die Antwort auf diese Frage dürfte in folgende Richtung weisen: Gäbe es keine Form von Einheit in der Welt, so gäbe es auch keine Erscheinung von dieser. Da es aber Erscheinungen der Anderen gibt, so gibt es auch Einheit. Mithin ist die im Antecedens des Konditionals statuierte Annahme ('Es gibt keine Form von Einheit in der Welt') falsch. Insofern dient der Rekurs auf Erscheinungen, d. h. auf Weisen, wie sich Dinge den Sinnen präsentieren, als Test für die Tragfähigkeit der in Rede stehenden Annahme. Dabei ist der Gedanke der achten Deduktion von der Überlegung bestimmt, daß die Erscheinung von *X* als *F* kausal damit zusammenhängt, daß *Y* Grund für die Existenz von *X* ist. In diesem Sinne wäre es korrekt zu sagen, daß Einheit schlechthin fundamental ist. Anders steht es mit dem Gedanken der siebten Argumentation: Hier bietet *X* nämlich den eigenen Grund für die Erscheinungen. Nur handelt es sich hier um bloße Erscheinungen bzw. um Schein (164e2–3 u. ö.). Wie solcher Schein *als* Schein möglich ist, bleibt ungesagt und ist unklar.

Diese Unklarheit läßt sich ein Stück weit von daher erklären, daß die Subjekt-Problematik in der antiken Philosophie generell keine besondere Beachtung erfuhr und jedenfalls nicht als eigenes Problem erkennbar wird. Doch liegt die hier konstatierbare Vagheit durchaus im Interesse Platons.[106] Denn Parmenides und Speusipp scheinen in dieser Sache unterschiedliche Auffassungen entwickelt zu haben. Ersterer hat nämlich, nach dem Zeugnis des Aristoteles, die Wirklichkeit der Wahrnehmung nach (αἴσθησις) als vieles, dem Denken nach (λόγος) als eines aufgefaßt und er scheint jenes Bild als die richtige Version empfunden zu haben, welches die Vernunft zeichnet. Der literarische Parmenides, der sich in jungen Jahren mittels dieser Übung den Weg zum Seins-Monismus bahnte, hätte demnach unterschiedliche Optionen in Betracht gezogen und diese miteinander konfrontiert. Anders scheint Speusipp hier keine besonderen Probleme empfunden zu haben. Denn die bloße Tatsache, daß er eine Konzeption wissenschaftlicher Wahrnehmung artikulierte (s. IV) und mit dieser die Vorstellung verband, daß arithmetische Strukturen an den Dingen erkennbar seien, zeigt, daß er jedenfalls Erscheinungen unter normalen Bedingungen als zuverlässige Repräsentationen extra-mentaler Gegebenheiten angesehen haben

106 Es ist anzunehmen, daß die Rede vom Erscheinen im doppelten Sinn von 'sich zeigen' und 'scheinen' eine Anspielung auf die Charakterisierung Zenons als 'eleatischer Palamedes' darstellt (*Phaidros* 261d6–8).

müßte und in diesem Sinne als erkenntnistheoretischer Realist zu gelten hätte. – Platons eigene Position ist vermutlich sehr komplex[107] und zumindest in der literarischen Exposition des Gedankens gewissen Änderungen unterworfen.[108] Doch läßt sich für den gegebenen Zweck wohl festhalten, daß von 'Illusion' in einem interessanten Sinn für Platon erst da die Rede ist, wo wir Urbilder und Abbilder bzw. die entsprechenden Gehalte miteinander verwechseln, letzteres für das Wirkliche annehmen und so zwangsläufig dem Wähnen (δόξα) verfallen. Dies bedeutet, daß wir uns im Blick auf die wahrnehmungshaft gegebenen Verhältnisse der Außenwelt solange auf sicherem Terrain bewegen, wie wir das, was sich zeigt, im Lichte von Standards zu beurteilen vermögen; und das eben leisten die Ideen als Urbilder. Fehlen solche Standards, so leben wir in einem begrifflichen Vakuum und philosophieren auf eigene Gefahr und gut Glück.

XVI. Befund

1.

Der *Parmenides* endet ebenso abrupt wie lapidar. Doch bedarf es keines eigentlichen Kommentars, geschweige denn einer autoritativen Stellungnahme. Immerhin enthält der zweite Teil jenes Material, das die Einwände, die im ersten Teil formuliert wurden, als gegenstandslos erweisen kann. In diesem Sinn ist die Urteilskraft derer gefordert, die fähig sind, hinter einzelnen Philosophemen Optionen zu erkennen und diese in ihrer Tragweite zu gewichten. Nehmen wir diese Erwägung ernst, so zeigt sich, daß der Teilhabe-Gedanke nicht dahin mißverstanden werden darf, daß der Gegenstand der Teilhabe *im* Subjekt der Teilhabe sei und die Eigenschaft, die ein Ding hat, auch nicht als Teil des Gegenstandes der Teilhabe anzusehen ist. Mit dieser Klärung gewinnt auch die Trennungsthese ihre Gestalt: Daß

107 Siehe Jan Szaif, Platons Begriff der Wahrheit, Freiburg u. München 1996 (= Symposium Bd. 104).

108 Siehe Alexander Nehamas, Virtues of Authenticity, Princeton, N. J. 1999, Kpt. 10–11.

Dinge, Eigenschaften und Ideen als distinkte Gebilde gelten, heißt nicht, daß die Ideen keine Beziehung zu den Dingen (i. e. den möglichen Subjekten von Teilhabe) aufweisen; und damit entfällt auch die These, daß die Ideen als getrennte Wesenheiten unerkennbar sein müßten. Auf diese Weise erweist sich das Argument der sog. größten Schwierigkeit als haltlos.

Weniger klar liegen die Dinge wohl im Blick auf das Problem, ob die Ideen selbstprädikativ sind, d. h. über jene Eigenschaft verfügen, die sie eigentlich sind. Dieses Problem wurde im Vorangehenden nicht angesprochen, weil es als Problem Teil der Vergegenständlichungs-Tendenz ist, die Platon für unangemessen hält. Will man es gleichwohl als Problem isoliert betrachten, so bietet sich jener Passus als Präzisierung an, der einen Unterschied zwischen *an Eins teilhaben* und *Ein(e)s* sein behauptet (158a3–5). Diese Stelle läßt sich sinngemäß als Behauptung einer Differenz zwischen dem '*ist*' als Prädikation (ε) auf der einen und '*ist*' als Zeichen der Identitiät (=) auf der anderen Seite lesen.[109] Doch legt das im Griechischen Gesagte eher nahe, daß hier zwischen Prädikation im normalen Sinn und Prädikation in einem starken, vielleicht essentiellen Sinn unterschieden wird, was immer das auch sein mag. Beide Lesarten können als Evidenz dafür gelten, daß Platon das Problem sehr wohl durchschaute und Vorbehalte der modernen Sorten nicht akzeptiert hätte.

2.

Auf der Ebene der literarischen Gestaltung bedeutete das Bündel von Diskrepanzen für jemanden wie den fiktiven Parmenides in seiner Jugend die Herausforderung, zwischen Spreu und Weizen zu trennen und eine Gruppe konsistenter Annahmen zu schmieden. Das Resultat dieser Bemühungen gewann seinerzeit im Text des Lehrgedichts Ausdruck. Was den historischen Parmenides angeht, so wissen wir, daß er sich vor den Grundsatzentscheid (κρίσις) gestellt sah, Nicht-Seiendes anzuerkennen oder zu

---

109 Sie wurde von H. F. Cherniss, „The Relation of the *Timaeus* to Plato's Later Dialogues", in: American Journal of Philology 53 (1957) gegen G. Vlastos und G. E. L. Owen ins Felde geführt; siehe Selected Papers S. 333 Anm. 29. Einige sehr abstrakte Überlegungen in der Beobachtung von Identität und Prädikation finden sich bei Mary Margaret McCabe, „Unity in the *Parmenides*", in: Form and Argument in Late Plato, hrsg. v. Chr. Gill u. M. M. McCabe, Oxford 1996, S. 27.

verwerfen. Er entschied sich für letzteres und gelangte damit zu der Annahme eines Seienden, – jenes Einen, das Zenon in Platons Ausdeutung der Situation gegen die Vorhaltungen der Pluralisten zu verteidigen suchte.

3.

Speusipp schließlich, an dessen Auffassung von Einheit ein Exempel statuiert werden soll, sieht sich mit einer Reihe von Problemen konfrontiert, die seine Position bedrohen. So erweist sich die *Monas* bald als Gebilde ohne alle Charakteristika. Damit scheint ausgeschlossen, daß dieses Gebilde die ihm zugedachte Funktion als (ein) Prinzip der Zahl wahrnehmen könnte. In der korrigierten Konzeption der *Monas* als existierender Einheit scheint dieser Defekt behoben. Nur fördert die Analyse der nun in Rede stehenden Auffassung neue Probleme ans Licht. Sie setzt nämlich die Existenz von Zahl voraus und stellt somit einen Fall von *petitio principii* dar. Zudem scheint das Eine unter dieser Beschreibung Züge des Gegenprinzips (ἄπειρον πλῆθος) anzunehmen. Wenn das Eine freilich andererseits formell als nicht-seiend angesehen wird – dies würde der Auffassung bei Aristoteles und Jamblich entsprechen –, droht die Konsequenz, daß nichts sonst existiert.

Doch hat es mit diesen und anderen Erwägungen kein Bewenden. Denn mit der Frage nach der Einheit als Prinzip ist zugleich die Frage nach der Vielheit thematisch; und damit rückt auch die Frage in den Blick, wie sich die 'anderen Dinge' überhaupt konstituieren. Diese Frage steht im Hintergrund der Erwägungen in der dritten Deduktion (s. XIII.3). Hier scheint mit dem Rekurs auf die Begriffe von Grenze und Unbegrenztheit ein Bezug auf pythagoräisches Schrifttum intendiert. Nun finden derartige Überlegungen andeutungsweise im Text des Lehrgedichtes des historischen Parmenides Ausdruck. Doch lassen sie sich auch im Denken Speusipps nachweisen, bei dem Vielheit das formelle Gegenprinzip zu Einheit darstellt; und vis-á-vis der dritten Deduktion nun stellt sich die Frage, mit welchem Recht wir eigentlich zu Wesensbestimmungen der Natur des Anderen in Begriffen der Grenzelosigkeit gelangen. Diese und andere Fragen lassen sich nicht einfach von der Hand weisen. Sie berühren Belange der Akademischen Prinzipien-Diskussion überhaupt und stellen so ein wichtiges Stadium in der Auseinandersetzung um tragfähige Konzeptionen dar. In diesem Sinn erweist sich der *Parmenides* als Dokument schwelender Kontroversen.

XVII. Über den *Parmenides* hinaus

1.

Daß Sokrates in Platons literarischer Gestaltung entscheidende Aspekte der Ideen-Lehre seinerzeit weder durchschaut noch überhaupt bedacht hatte, ist unbestritten. Da er andererseits, wiederum in Platons literarischer Gestaltung, kurz vor seinem Tode im *Phaidon* eben jene Ideen-Lehre vertritt, die im *Parmenides* kritisiert wird, stellt sich die Frage, wie sich die γυμνασία im zweiten Teil des *Parmenides* auf sein philosophisches Denken ausgewirkt haben mag. Oder anders gefragt: Wie gelangt ein junger Angehöriger der Akademie dazu, die relevanten Punkte besser zu verstehen? Und welche Elemente müßte ein angemessenes Verständnis inkorporieren? Sofern wir von der Annahme ausgehen dürfen, daß die späte(re)n Dialoge Licht auf diese Frage werfen sollen, scheint es sinnvoll, einige Punkte namhaft zu machen, die hier ins Gewicht fallen könnten.

2.

Die Problematik, die vielleicht besonders deutliche Resonanz findet, ist der Gedanke der Unerkennbarkeit der Ideen im Rahmen der Trennungs-These (s. VII). So findet sich im *Philebos* eine Argumentation, die zwischen wissenschaftlicher Einsicht (ἐπιστήμη) bezüglich der 'göttlichen Kugel' auf der einen und der Kenntnis der 'menschlichen Kugel' unterscheidet (62a–b) und Objekte ersterer Art – offensichtlich handelt es sich um Ideen – ganz im Stile der mittleren Dialoge (*Politeia* VI–VII) selbstverständlich als Gegenstände vorzüglicher Erkenntnis behandelt (58a–59d). Die Unterscheidung zweier Arten von Kugeln im *Philebos* evoziert die entsprechende Unterscheidung z. B. zwischen Herrschaft/Knechtschaft hier und dort im *Parmenides*. Nur erscheint die Vorstellung vollgültiger

Erkenntnis im *Philebos* anders als im Kontext der Diskussion des *Parmenides* ganz selbstverständlich wieder an die Existenz menschlicher Subjekte gebunden. Auch wird der Begriff 'wahrste Erkenntnis' wie auch sonst in den ideenphilosophischen Dialogen an die Vorstellung gebunden, daß die in Frage stehenden Objekte ausnahmslos invariante Züge aufweisen. Mit dieser Erwägung artikuliert Platon einen Punkt – er erinnert an die Ausführungen im Schlußteil des *Kratylos* – der im relevanten Kontext des *Parmenides* keine Rolle spielte, jedoch in Parmenides' Hinweis auf die Sinn-stiftende Funktion der Ideen für Sprache und Denken avisiert wurde (135b5–c3). Mit anderen Worten: daß es Ideen gibt und diese Objekte sind, die erkannt werden können, scheint für Platon weiterhin unzweifelbar festzustehen. Aber was berechtigt ihn zu dieser Zuversicht? Die Antwort kann eigentlich nur lauten, daß die Separationsthese so, wie sie im ersten Teil ins Spiel gebracht wurde, durch die Problematisierung des χωρίς-Charakters (159c6–7, 165e7) in Platons Augen als destruiert gelten darf. Damit entfällt auch die Berechtigung, von der Unerkennbarkeit der Idee zu sprechen.

3.

Eine andere Konstellation, die im *Philebos* aufgenommen wird, betrifft das Problem von Einheit und Vielheit der Ideen (s. III). Im Kontext von *Philebos* 15b1–8 wird das vom *Parmenides* her bekannte Problem in den Raum gestellt. Dabei fällt auf, daß der dilemmatische Charakter der Situation im *Philebos* gewahrt bleibt. Nur handelt es sich bei der Exposition der Problemstellung um eine Gruppe von Fragen, die beantwortet werden sollten. Diese Antworten zeichnen sich vor dem Hintergrund der πέρας/ἄπειρον-Strategie ab, welche Sokrates unter Hinweis auf eine alte Tradition in Anspruch nimmt. Im Lichte dieser Strategie ergibt sich, daß wir Ideen finden werden (16d2). M. a. W.: Die von Aristoteles im Kontext von *Metaph.* VII 14 behauptete Konsequenz, daß die Ideen nicht existieren, hat hier also ebenso wenig Geltung wie die im *Parmenides* angezeigte Dilemmatik des Teilhabe-Paradoxes. Des weiteren scheint ein Aspekt der Vielheit der Idee genauere Konturen zu erlangen. Denn sofern die eine Idee (*qua* Begriff) Unterbegriffe hat und diese wiederum eine unübersehbare Fülle von Instanzen, „sehen" wir die eine Idee als vieles, „vielfach zerspalten und zerrissen" (23e4–5).

Doch scheint diese Überlegung – die Idee ist vieles, sofern sie Unterarten hat bzw. Unterbegriffe – nur einen Teil der Problematik anzugehen. Namentlich das für *Parmenides* zentrale Problem der Beziehung zwischen Idee und Partizipant findet in diesem Kontext keine weitere Beachtung. Dies wäre umso erstaunlicher, als damit ein Punkt unberücksichtigt bliebe, der im Rahmen der Exposition der Problematik angesprochen wurde. Immerhin wird deutlich, daß Platon das Phänomen der Vielheit der Idee nicht als perniziös ansah; und dies wiederum bedeutet, daß die Rede von der Zerstückelung oder Zerrissenheit der Idee nicht *per se* Probleme schaffen muß. Offenbar kommt alles darauf an, daß die entsprechende Charakterisierung innerhalb eines angemessenen Rahmens verstanden wird.

Wie dieser Rahmen letztlich aussieht, läßt sich vielleicht nicht einmal präzis sagen. Gewisse Unsicherheiten rühren daher, daß Platons Rede von 'Teil sein' begrifflich gesehen in unterschiedliche Richtungen weist. So ist es eine Sache, ein γένος als Teil eines εἶδος bzw. von εἴδη zu bezeichnen, eine andere, ein εἶδος bzw. εἴδη als Teil(e) eines γένος zu betrachten. Im einen Fall haben wir es mit einer intensionalen Betrachtungsweise zu tun, im anderen mit einer extensionalen.

XVIII. Nachwort

Nichts in den vorangegangenen Überlegungen spricht für die weit verbreitete Annahme, der *Parmenides* sei ein oder gar *der* Kernbeleg für Platons metaphysische Theologie oder theologische Metaphysik. Nach menschlichem Ermessen verhalten sich die Dinge so, daß Esoteriker ebenso wie moderne Neuplatoniker hier in die Irre gegangen sind und in den *Parmenides* Auffassungen hineingelesen haben, die dort keinen Widerhall finden können.[110] Dies bedeutet ferner, daß sich die Tradition

110 Siehe schon P. Friedländer, Platon II. Die Platonischen Schriften, Berlin 1930, S. 470: „So müssen alle Versuche seit den Neuplatonikern falsch sein, in irgendeiner der 9 Deduktionen Le coeur du Platonisme (Wahl a. a. O. 245) zu finden.“ – Insofern scheint mir auch die Arbeit von Christoph Horn, „Der platonische *Parmenides* und die Möglichkeit seiner prinzipientheoretischen Interpretation“, in: Antike und Abendland

der *philosophia perennis* als brüchig erweist. – Fragen wir, wie es zu diesem kolossalen Irrtum kam und kommt, so liegt die Antwort auf der Hand: eklektische Fixierungen führen zu hybriden Konstruktionen. Nur hatten die spätantiken Autoren und *mutatis mutandis* wohl auch mittelalterliche Interpreten anders als die zeitgenössischen Metaphysiker wohl eine Entschuldigung: sie hielten Platons Texte für inspirierte Dokumente; und im Kontext derartiger Betrachtungsweisen rücken isolierte Begriffe *salva veritate* in ein Bezugssystem besonderer Art. Nur läßt sich diese Betrachtungsweise heute nicht rechtfertigen. Wir betrachten philosophische Thesen als Antworten auf bestimmte Fragen und akzeptieren sie dann als Beiträge zur Diskussion, wenn wir sie als Konklusionen aus Prämissen bestimmter Art rekonstruieren können. Dies setzt der Phantasie eigentlich frühe Grenzen und konfrontiert moderne Leserinnen und Leser zugleich mit höheren Anforderungen. Aber auch die im anglo-amerikanischen Bereich beliebte Auffassung, Platon habe die Ideenlehre aufgegeben,[111] entbehrt jeder Grundlage.

Ein anderer Punkt, der an dieser Stelle wohl eigens hervorgehoben werden muß, betrifft unser Verständnis der Akademie und *mutatis mutandis* des Peripatos: Sicher gelten Platon und Aristoteles zu Recht als *die* Exponenten der sog. Klassischen Periode griechischer Philosophie. Nur erscheinen sie heute, vor dem Hintergrund selbstverständlicher Traditionen, vor allem als dominante Figuren, ihre Schüler, Mitstreiter, Kollegen und Widersacher in Akademie und Peripatos je nach Optik hingegen als Wasserträger oder Hinterbänkler, jedenfalls als Randfiguren, die allenfalls als Zeugen für die Auffassungen der beiden Exponenten diskutiert werden. Daß dieses Bild weder fair ist, noch überhaupt richtig sein kann, zeigt sich, wenn das Umfeld näher betrachtet wird. Hier finden sich in unmittelbarer Nähe beider Denker nicht nur konkurrierende philosophische Auffassun-

---

41 (1995) S. 95–114 zu kurz zu greifen. Aussichtsreicher scheint die Strategie von Mitchell Miller, „'Unwritten Teachings' in the *Parmenides*", in: The Review of Meta physics 48 (1995) S. 591–633. Doch fällt seine Untersuchung mit der Annahme, daß Platon in eigener Sache argumentiere.

111 Im deutschsprachigen Bereich wurde diese These von Eugen Dönt vertreten: Platons Spätphilosophie und die Akademie, Wien 1967, S. 76 (= Sitzungsberichte der österreichischen Akademie der Wissenschaften, Philos.-Hist. Klasse 251,3). Auch von Selbstkritik im Sinne der Darstellung bei P. Stekeler-Weithofer, „Zu einer Interpretation von Platons Dialog *Parmenides*" (s. Anm. 61), S. 349 kann keine Rede sein. In diesem Sinne teile ich auch nicht die Schlußfolgerungen Günter Figals in seiner Studie „Platons Destruktion der Ontologie. Zum Sinn des *Parmenides*", in: Antike und Abendland 39 (1993) S. 29–47.

gen; wir finden vor allem tiefe Spuren philosophischer Auseinandersetzungen, die sehr modern anmuten und den Geist argumentativer Kontroversen atmen, wie sie für weite Kreise der heutigen akademischen Philosophie typisch sind. Dieser Punkt ist – dies habe ich an anderer Stelle betont[112] – wichtig. Denn die bloße Existenz derartiger Auseinandersetzungen dokumentiert nicht allein, daß keine der uns bekannten Positionen je unbestritten war. Sie zeigt, daß diese selbst Produkte interner Diskussionen waren und, so betrachtet, als Momente philosophischer Auseinandersetzung Gestalt gewannen. Dies zeigt, daß die Dialoge Platons nicht als Dokumente einer starren Dogmatik gelesen werden sollten und schon gar nicht eklektisch malträtiert werden dürfen. Doch wird auf der anderen Seite deutlich, daß ernsthafte Fragen mit technischem Charakter diskutiert wurden. Dies sollte uns in der Auffassung bestärken, daß diese (und andere) Texte weder im Geist dialektischer Schwebe noch mit der Einstellung hermeneutischer Unverbindlichkeit gelesen werden dürfen, und schon gar nicht in der Absicht ontologischer Destruktion und Wiedergewinnung lebensweltlicher Verhältnisse.

XIX. Anhang: Stout und das Problem individueller Eigenschaften

1.

In einer Vorlesung vor der Britischen Akademie vertrat G. F. Stout 1921 die Auffassung, Eigenschaften von Einzeldingen (*particulars*) seien ihrerseits einzelhaft (*particular*).[113] Mit dieser These setzte sich Stout in einen

112 Siehe „Tradition ohne Innovation? Kritische Bemerkungen zur Interpretation einiger klassischer Platon-Stellen“, in: Metaphysik und Religion. Zur Signatur des spätantiken Denkens, hrsg. v. Th. Kobusch u. M. Erler, München und Leipzig 2002 (= Beiträge zur Altertumskunde Bd. 160), S. 355–363.

113 „The Nature of Universals and Propositions“, in: Proceedings of the British Academy X (1921–1923) S. 157–172. Diese These bildete auch den Fokus eines Symposiums mit dem Titel „Are the Characteristics of Particular Things Universal or Particular?“, in: Proceedings of the Aristotelian Society Suppl. Vol. 3 (1923) S. 95–128, mit Beiträgen von G. E. Moore, G. F. Stout und G. Dawes Hicks.

Gegensatz zu der, wie er meinte, traditionellen Auffassung, welche besage, daß zwei Dinge, *X* und *Y*, die beide *F* sind, über eine identische, gemeinsame Eigenschaft verfügen. Diese traditionelle These hielt der Autor für völlig falsch (S. 158). Nur verstand er seine eigene These, die er mit den Nominalisten teilt (S. 159), keineswegs als Plädoyer für diese Richtung. Denn der Nominalismus scheitere da, wo die Einheit einer Klasse vermittels der Beziehung der Ähnlichkeit in einer bestimmten Hinsicht erklärt wird (S. 160). Wie aber begründete Stout seine eigene Auffassung? Was bewog ihn dazu, die sog. traditionelle Position zurückzuweisen? Diese und andere Punkte sind keineswegs klar; insbesondere weisen sie da, wo Stout Begründungen in den Raum stellt, große Verständnisprobleme auf.

2.

Die Verständnisprobleme beginnen da, wo Stout die Annahme einzelhafter Eigenschaften unter Hinweis auf die Behauptung verficht, daß sich Einzeldinge nicht anders als im Hinblick auf einzelhafte Eigenschaften unterscheiden lassen: „It follows that we cannot distinguish substances from each other without discerning a corresponding distinction between their qualities“ (S. 163).[114] Nun sagt diese These wohl etwas zur Frage der Erkennbarkeit bzw. Unterscheidbarkeit von Dingen.[115] Sie sagt nichts über deren tatsächliche Verschiedenheit, sofern eine solche (in welchem Sinn auch immer) besteht; und sie sagt insbesondere nichts über die Gründe einer solchen Verschiedenheit. Entsprechende Hinweise finden sich allerdings in Gestalt der These – Stout hält sie für allgemein anerkannt –, daß „substance is nothing apart from its qualities“ (S. 162).[116] Diese These ist offenbar metaphysischer Art. Aber was genau besagt sie über die Konstitution von Gegenständen, *concrete particulars*? Und was beinhaltet sie bezüglich der Seinsweise von Eigenschaften? Diese Frage läßt sich dahingehend beantworten, daß konkrete Gegenstände – Substanzen in Stouts

114 Vgl. Proc. Arist. Soc., 1923, S. 121: „I say that I have no means of distinguishing between two concrete things except through their qualities. “

115 Siehe unten, Abschnitt 3.

116 Auf S. 164 heißt es „substance, being nothing apart from its adjectives ...“. Die Äußerung ist sicher sehr unglücklich; siehe auch „substances as well as adjectives” (S. 168).

Terminologie – in Begriffen einer „complex unity of an altogether ultimate and peculiar type, including within it all characters truly predicable of it" (S. 165) zu verstehen sind. Entsprechend übersetzt Stout singuläre Sätze von der Art „Smith is happy" in Sätze von der Art „The concrete unity including the character of being known by the name of Smith also includes the character of being happy" (S. 166).

Die Konkretheit, die Stout vor Augen steht, betrifft das Ganze (*the whole*), in dem die in Rede stehenden Charaktere zusammenwachsen (S. 165). Allerdings birgt dieser Gedanke seinerseits Schwierigkeiten. Dies hat nicht allein mit der Metaphorik zu tun, die in den Raum tritt und mit der Substanz-/Charakter-Betrachtung kollidiert. Der springende Punkt dürfte vielmehr der sein, daß der Gedanke selber offenbar Stout dazu zwingt, die in Rede stehenden Charaktere als etwas Nicht-Konkretes auszugeben (S. 165); und dies scheint in zweifacher Hinsicht problematisch. Erstens bezeichnet der Autor die besagten Charaktere eines Dinges ihrerseits als Einzeldinge (*particulars*).[117] Zweitens behauptet er, daß die Charaktere abstrakt seien,[118] wobei er sich auf Beispiele wie „1 m Tuch" u. Ä. bezieht. Aber sind Beispiele dieser Art informativ? Sind m. a. W. Charakteristika von Dingen durchwegs – in sämtlichen Fällen ihres Vorkommens – ihrerseits dadurch charakterisiert, daß sie Maßeinheiten aufweisen? Und würde die Tatsache, daß Schmidts *Niesen* – in der Akademieabhandlung spricht Stout von *sneeze* als Einzelding *und* als prädizierbarem Charakter (S. 161)[119] – raum-zeitlich lokalisiert wäre, die Folgerung gestatten, daß es sich um etwas Nicht-Konkretes bzw. Abstraktes handelt? Dieser Punkt scheint wenig plausibel. Doch trägt er zugleich zur Problematik bei, die Stouts Position in dieser Hinsicht überschattet.

---

117 Siehe S. 163: „the qualities must be primarily known as separate particulars" und S. 162: „that qualities are distinct particulars".

118 Vgl. Proc. Arist. Soc., 1923, S. 114, gegen Moores Argumentation, die ihn zu dem Zugeständnis zwingen soll, daß Eigenschaften (*characters*) *qua* particulars ihrerseits konkrete Dinge (i.e. Substanzen) seien (Proc. Arist. Soc., 1923, S. 97).

119 Diese Sichtweise ist sicher schief. Dies stellte bereits Moore fest (Proc. Arist. Soc., 1923, S. 98). Doch läßt sich eine von Moores Attacken – „but that the sneeze itself is predicable of anything whatever, I wholly deny" – ausräumen: Dieses oder jenes Äußern eines Lautes (bzw. von Lauten) *ist* ein Niesen!

3.

Eng verbunden mit dem im Vorstehenden angezeigten Verständnisproblem ist ein Gedanke, der im Text des Verfassers nicht explizit zu Tage tritt, aber offenbar vorausgesetzt ist. Es ist dies die Annahme, daß wir primär Eigenschaften bzw. Charaktere von Dingen wahrnehmen; und dabei fällt ins Gewicht, ob die wahrgenommenen Gebilde universal sind oder individuell.[120] Da Stout die letztere Alternative für richtig hält und die erstere entsprechend eliminieren muß, stellt sich die Frage, wie er für die in Rede stehende Annahme argumentiert bzw. argumentieren könnte. Der Text selber gibt wenig Anhaltspunkte. Doch enthält er wenigstens einen Gedanken, der sozusagen über sich selbst hinausweist. Dies ist der Hinweis auf Wahrnehmung (im hier relevanten Sinne) als Haben von Sinnesdaten, welches die Erkenntnis von Dingen bestimme.

So sagt Stout in seiner Replik auf Moore: „A visual-sense-datum has colour, brightness, extension, size and shape. All of these qualities are situated within the visual-sense-field just as the sense-datum is to which they belong."[121] Diese Überlegung – sie ist Teil des Plädoyers für die These, daß die Eigenschaften von Dingen individuell seien – steht und fällt mit der für viele Sinnesdaten-Theorien typischen Annahme, daß das erkennende Subjekt eine unmittelbare Vertrautheit bzw. Bekanntschaft mit bzw. zu bestimmten Gehalten habe bzw. aufweise. Diese Annahme spielt bereits in einer früheren Arbeit Stouts eine wichtige Rolle: „When I assert that the sense-datum is red, I mean just that particular red with which I am immediately acquainted."[122] Sie zeigt, daß in seiner Sicht der Erkenntnissituation Wahrnehmungsgehalte und Eigenschaften genau korreliert sind und die Eigenschaften von Dingen jene Partikularität aufweisen, die den Wahrnehmungsgehalten eignet.

Nun verrät diese Konzeption eine gewisse Eleganz. Doch schleppt sie eine Hypothek mit sich. Diese besteht in dem Rekurs auf Sinnesdaten. So ist es auch kein Zufall, daß G. Dawes Hicks in seiner Replik auf Stouts Einlassungen die Frage aufwirft, in welchem Sinn man behaupten könne,

120 Es ist vielleicht auffällig, daß Stout die Verwendung solcher Ausdrücke wie „individuell" bzw. „Individuum" so gut wie gänzlich vermeidet. – Die Alternative „allgemein" / „individuell" war damals offenbar geeignet, die philosophischen Gemüter gründlich zu spalten. Siehe N. Woltersdorff, „Properties", in: Universals and Particulars. Readings in Ontology, hrsg. v. M. Loux, Notre Dame 1976, S. 94.

121 Proc. Arist. Soc., 1923, S. 121.

122 Proc. Arist. Soc., 1914–1915, S. 348, zitiert bei Moore, Proc. Arist. Soc., 1923, S. 100.

ein visuelles Sinnesdatum *habe* eine spezifische Farbe.[123] Der springende Punkt hierbei ist der, daß Sinnesdaten *qua* mentale Entitäten nicht farbig sind usw.! Doch scheint Stout gerade diese Einschätzung des Status von Sinnesdaten nicht geteilt zu haben. Aus späteren Schriften wird deutlich, daß Sinnesdaten – der Terminus „sensa" findet ebenso Verwendung – materielle Natur zugeschrieben wird, ohne daß sie allerdings als physische Gegenstände im strikten Sinn gelten, auf welche sie verweisen. Natürlich birgt diese Variante der Sinnesdaten-Theorie Komplikationen eigener Art.[124] Zu den Problemen, die uns im relevanten Kontext unserer Ausgangsfrage beschäftigen müßten, gehört die Überlegung, daß eine Deutung von Sinnesdaten als nicht-mentale Gebilde tendenziell zur Aufgabe des Gedankens führen müßte, wir verfügten über eine *immediate acquaintance* zu bestimmten partikularen Objekten; und schon gar nicht können wir darauf bauen, daß diese Wahrnehmung untrüglich, weil irrtumsunfähig sei. Damit gerät wohl ein wichtiger Pfeiler in Stouts Konzeption der wahrnehmbaren Existenz notwendig individueller Eigenschaften ins Wanken.

4.

Gleichwohl ist es wichtig zu sehen, wie Stout die so genannte traditionelle Theorie modifiziert bzw. welche Position er an deren Stelle setzt. Die traditionelle Theorie besagt, daß Einzeldinge Eigenschaften haben und letztere Universalien seien. So wie Stout die Theorie versteht, läuft sie auf den Gedanken hinaus, daß ein und dieselbe unteilbare[125] Eigenschaft gewissermaßen von sich selbst getrennt an verschiedenen Orten vorkommen könne und *de facto* auch vorkommt. Bei dieser Einschätzung handelt es sich offensichtlich um eine Version des metaphysischen Paradoxes, das mit Platons *Parmenides* Einzug in die Literatur hielt und auch

---

123 Proc. Arist. Soc., 1923, S. 125: „that a visual-sense-datum *has* a specific colour. "

124 Siehe J. Passmore, A Hundred Years of Philosophy, Harmondsworth 1975 (1. Aufl. 1957), S. 196–198.

125 Dawes Hicks hat vermutlich Recht, in Stouts Porträt der traditionellen Theorie („single indivisible entity") keine faire Beschreibung der Sache zu sehen (Proc. Arist. Soc., 1923, S. 127). – Offensichtlich geht es hier um eine platonische Charakterisierung.

von Aristoteles in der *Metaphysik* (VII 14) angesprochen wird;[126] auch galt sie von jeher als wirkungsvolles Argument in den Händen jener, die wie F. Suárez anti-realistische bzw. nominalistische Strategien verfolgten.[127]

Anders als die Advokaten nominalistischer Sichtweisen hält Stout an der Annahme der Existenz allgemeiner Gebilde fest. Nur konstruiert er diese als Klassen z. B. aller Rot- oder Helltöne. In diesem Sinne ist jede einzelne Instanz von Röte Beispiel einer bestimmten Farbart (S. 170). Näherhin nimmt sich seine Konzeption so aus, daß jede Instanz einer bestimmten Farbart mit jenem Element („Instanz") einer Gegenstandsklasse korreliert ist, welches den individuellen Farbton aufweist. Dies würde bedeuten, daß wir es mit zwei Ebenen von Instanzen zu tun haben. – Was diese Position als fragwürdig erscheinen läßt, ist der Umstand, daß Stout die in Rede stehenden Klassen bzw. Einheiten als Teile größerer Geflechte angesehen wissen will: „Redness in general is comprised within a more comprehensive unity called ‚colour in general', which also comprises yellowness and blueness. Every particular instance of redness is a particular instance of colour. Colour in general is nothing but the distributive unity of its specific sub-kinds, just as these are ultimately the distributive unity of their particular instances" (S. 170). Die Art und Weise, wie er den Gedanken artikuliert, wirft die Frage auf, ob hier nicht zwei verschiedene Betrachtungsweisen interferieren, nämlich jene der Element-Relation auf der einen und jene der Klassen-Subordination auf der anderen Seite.[128]

Diese Unklarheit wird dadurch verstärkt, daß Stout durchwegs von Instanzen spricht und damit auf einen Begriff rekurriert, der nach heutigem Verständnis nicht so verwendet werden sollte. Schließlich mag man sich fragen, ob Unklarheiten dieser Art nicht letztlich sein Projekt gefährden. So spricht Stout von individuellen Eigenschaften (*particular characters*) nicht nur als Einzeldingen (*particulars*). Er sagt auch, daß es sich bei

126 Wenn Passmore bemerkt, daß Stouts Auffassung von Cook Wilson beeinflußt worden sei (a. a. O., S. 309 u. S. 572 Anm. 16), so ist das umso plausibler, als Cook Wilson die relevanten Probleme der Platonischen Ideenlehre ausgezeichnet kannte.

127 Siehe dazu meinen Beitrag „Suárez über Individuum und Individualität" in : Metamorphosen der Vernunft. Festschrift für Karen Gloy, hrsg. v. A. Lazzari, Würzburg 2003.

128 In diesem Sinne scheint das hier beschriebene Geflecht Ähnlichkeiten mit der von G. Frege kritisierten Vorstellung vom sog. Begriffsumfang aufzuweisen: Oberbegriff, Unterbegriffe, Elemente. Stout selber legt diesen Verdacht insofern nahe, als er ohne weiteres von *sub-kinds* (S. 170) und *sub-classes* (Proc. Arist. Soc., 1923, S. 118) spricht; vgl. „kind or class" (S. 159).

Charakteren dieser Art um etwas handele, was prädizierbar (*predicable*) sei, wenn auch nur von einem Gegenstand. Dieser Gedanke ist zumindest mißverständlich. Darf nämlich angenommen werden, daß die in Rede stehenden Charaktere ihrerseits gegenstandsartige Gebilde sind (*particulars*), so gehören sie nicht zu einem Typus von Ding, das prädiziert werden könnte; handelt es sich jedoch um etwas Prädizierbares, so handelt es sich *ipso facto* um etwas Allgemeines. – Nun müssen diese und andere Erwägungen Stouts Gedanken nicht gefährden. Vermutlich behält seine Annahme, daß die Eigenschaften individueller Dinge ihrerseits individuell seien, sogar ihre Plausibilität.

Register

(Die Angaben beziehen sich auf die Seitenzahlen und *Fußnoten*.)